චතුරාර්ය සත්‍යාවබෝධයට ධර්ම දේශනා....

අපේ නව වසර

බුද්ධ වර්ෂයයි

පූජ්‍ය කිරිබත්ගොඩ ඤාණානන්ද ස්වාමීන් වහන්සේ

චතුරාර්ය සත්‍යාවබෝධයට ධර්ම දේශනා....

අපේ නව වසර බුද්ධ වර්ෂයයි

පූජ්‍ය කිරිබත්ගොඩ ඤාණානන්ද ස්වාමීන් වහන්සේ

© සියලුම හිමිකම් ඇවිරිණි.

ISBN : 978-955-0614-08-0

ප්‍රථම මුද්‍රණය : ශ්‍රී බු.ව. 2554 ක් වූ මැදින් මස පුන් පොහෝ දින
දෙවන මුද්‍රණය : ශ්‍රී බු.ව. 2556 ක් වූ මැදින් මස පුන් පොහෝ දින

- සම්පාදනය -

මහමෙව්නාව භාවනා අසපුව
වඩුවාව, යටිගල්ඔළුව, පොල්ගහවෙල.
දුර : 037 2244602
info@mahamevnawa.lk | www.mahamevnawa.lk

- පරිගණක අකුරු සැකසුම, පිටකවර නිර්මාණය සහ ප්‍රකාශනය -

මහාමේඝ ප්‍රකාශකයෝ
වඩුවාව, යටිගල්ඔළුව, පොල්ගහවෙල.
දුර : 037 2053300, 0773216685
mahameghapublishers@gmail.com | www.mahameghapublishers.com

- මුද්‍රණය -

ලීඩ්ස් ග්‍රැෆික්ස් (පුද්.) සමාගම,
අංක 356 E, පන්නිපිටිය පාර, තලවතුගොඩ.

චතුරාර්ය සත්‍යාවබෝධයට ධර්ම දේශනා....

අපේ නව වසර බුද්ධ වර්ෂයයි

පූජ්‍ය කිරිබත්ගොඩ ඤාණානන්ද ස්වාමීන් වහන්සේ

විසින් පවත්වන ලද සදහම් වැඩසටහන් වලදී දේශනා කරන ලද සූත්‍ර දේශනා ඇසුරෙනි.

ප්‍රකාශනයකි

පෙළගැස්ම....

"දසබලසේලප්පභවා නිබ්බානමහාසමුද්දපරියන්තා
අට්ඨංග මග්ගසලිලා ජිනවචනනදී චිරං වහතූති"

දසබලයන් වහන්සේ නමැති ශෛලමය පර්වතයෙන් පැන නැගී
අමා මහා නිවන නම් වූ මහා සාගරය අවසන් කොට ඇති
ආර්ය අෂ්ටාංගික මාර්ගය නම් වූ සිහිල් දිය දහරින් හෙබි
උතුම් ශ්‍රී මුඛ බුද්ධ වචන ගංගාව
(ලෝ සතුන්ගේ සසර දුක නිවාලමින්)
බොහෝ කල් ගලාබස්නා සේක්වා!

(සළායතන සංයුත්තය - උද්දාන ගාථා)

නමෝ තස්ස භගවතෝ අරහතෝ සම්මාසම්බුද්ධස්ස
ඒ භාග්‍යවත් අරහත් සම්මා සම්බුදුරජාණන් වහන්සේට නමස්කාර වේවා!

01.
අපේ නව වසර බුද්ධ වර්ෂයයි

(ධර්ම දේශනයකි)

ශ්‍රද්ධාවන්ත පින්වතුනි,

මේ ලංකාවේ ඉන්නේ තෙරුවන් සරණ ගිය සුළු පිරිසක් බව මා ඉතා හොඳින් තේරුම් ගත් දෙයක්. අනෙක් සියලු දෙනාම නමට 'බුද්ධං සරණං ගච්ඡාමි' කියන අයයි. ආගම බුද්ධාගම වුණත් කතා කරලා බැලුවාම වෙනත් ආගම් අදහන, වෙනත් ආගම් අනුගමනය කරන පිරිසකුයි සිටින්නේ.

පන්සල් ද සමඟ සියල්ලෝම ක්‍රිස්තු වර්ෂය සමරති...

දැන් ඔන්න ක්‍රිස්තු වර්ෂයෙන් තවත් අවුරුද්දක් දෙසැම්බර් 31 රෑ 12.00 ට පටන්ගත්තා. මේ වෙලාවේදී පන්සල්වල පහන් පත්තු කරනවා. ශබ්ද විකාශන බැඳගෙන පිරිත් කියමින් ගම වටේ ගිහින් පිරිත් පැන් බෙදනවා.

මිනිස්සු උදේට නැගිටලා කිරිබත් හදලා පන්සලටත් ගිහින් දෙනවා. මේ සමරන්නේ මොකක්ද? ක්‍රිස්තු වර්ෂයයි. ක්‍රිස්තුස් වහන්සේගේ උපතින් පසු ඇරඹුණු දින ගණන් ගැනීමයි. ක්‍රිස්තුස් වහන්සේගේ චර්මඡේදනය කරන ලද දිනයයි. සියල්ලෝම ජනේරුව සමරනවා. ග්‍රීක දෙවිවරුන්ද සමරනවා. මේ බෞද්ධයන්දැයි මා පුදුමයට පත්ව සිටිනවා.

ඩෝං... ගානවා... නීච තුච්ඡ ශබ්දයක් එනවා

දෙසැම්බර් 31 රාත්‍රියේදී හැම ගෙවල්වලම රතිඤ්ඤා පත්තු වුණා. රතිඤ්ඤා කියන වචනය සිංහල වචනයක් නෙවෙයි. එය පෘතුගීසිකාරයන්ගේ දෙයක්. රතිඤ්ඤයකින් දෙන පණිවිඩය මොකක්ද? එයින් දිය හැකි විශේෂ පණිවිඩයක් තියෙනවද? 'ඩෝං...' ගානවා. නීච, නින්දිත, පහත්, ළාමක වූ ශබ්දයක් එනවා. එතකොට මේ නින්දිත ශබ්දයෙන් තමයි ක්‍රිස්තු වර්ෂයක් පටන්ගන්නේ.

ඒ ධර්මයේ නිස්සාරත්වය පෙන්නුම් කරනවා...

නීච නින්දිත ආකාරයට ක්‍රිස්තු වර්ෂයක් පටන් ගන්නේ ඇයි? සාරවත් දෙයක් ඒ ධර්මය තුළ නැති නිසයි. සාරවත් වූ දේකින්, සාරවත් ආකාරයට පටන් ගන්නේ, සාරවත් වූ දේකුයි. සාරවත් නොවූ දෙයක් පටන් ගන්නේ, අසාරවත් ආකාරයෙනුයි. ඒ ධර්මයේ නිස්සාර බව පටන් ගන්නා ආකාරයෙන්ම පැහැදිලියි නේද?

පන්සල්වල ක්‍රිස්තු වර්ෂය සමරනවා...

බෞද්ධයන්ද සමරන්නේ ඒ නිස්සාර වූ ක්‍රිස්තු වර්ෂයයි. ඒක සමරන්න බෞද්ධයන් රෑ 12.00 ට ඇහැරගෙන

ඉන්නවා. රෑ 12.00 ට මල් කඩාගෙන පන්සල්වලට යනවා. ඊට පස්සේ බලන්න ඕන පන්සල්වල රෑ දොළහට තියෙන නාඩගම්... විගඩම්... මා නම් ඒ වෙලාවට හොඳට නිදා ගන්නවා.

සාරවත් වූ එකම ධර්මය...

බුද්ධ වර්ෂය පටන්ගන්නේ බුදුරජාණන් වහන්සේගේ උපතින්ද? පිරිනිවන් පෑමෙන්ද? බුදුරජාණන් වහන්සේගේ පිරිනිවීමෙන් පසුවයි බුද්ධ වර්ෂය පටන් ගන්නේ. බෞද්ධයන් සමරන වර්ෂය පටන් ගන්නේ එතැනින්. බුදුරජාණන් වහන්සේගේ ධර්මය හා සමකළ හැකි කිසිවක් ලොවේ තවත් ඇත්තේ නැහැ. ඒක මුල, මැද, අග පරිපූර්ණ වූ පිරිසිදු, නිර්මල, මනාකොට දේශනා කරන ලද ධර්මයක්. පැමිණ බැලිය හැකි, නුවණින් විමසීම තුළින් තමන්ටම අවබෝධ කළ හැකි සාරවත් ධර්මයක්. කිසි කලකදී වෙනස් නොවන්නා වූ සත්‍ය ධර්මයක්.

බෞද්ධයාගේ අලුත් අවුරුද්ද වෙසක් පුන් පොහොය දිනයයි...

එවැනි සාරවත් ධර්මයක් ලබා දුන් ශාස්තෘන් වහන්සේ සමරන දිනය වෙසක් පුන් පොහොය දිනයයි. එහෙනම් බෞද්ධයන් සැමරිය යුත්තේ බුද්ධ වර්ෂයයි.

බුද්ධ වර්ෂය සමරන්නේ ද සාරවත් විදිහටයි...

එවැනි සාරවත් ධර්මයක් සමරන්නේද සාරවත් අයුරෙනුයි. එදාට හිමිදිරි පාන්දර නැගිටලා, සුදුවත් හැඳගෙන, මල් නෙලාගෙන, නිහඬව විහාරස්ථානය

කරා ගිහින් උපෝසථය සමාදන් වෙලා, සමථ-විදර්ශනා වඩමින් ඒ වර්ෂය සමරනවා. සාරවත් ධර්මයක්, සාරවත් ආකාරයට පටන්ගන්නා ආකාරයත්, නිසරු දේ පටන් ගන්නා ආකාරයේත් වෙනස පැහැදිලිව පේනවා නේද?

බොහෝදෙනා බෞද්ධ නාමෙන් පෙනී හිටියට මේවා ගැන දන්නේ නැහැ. නින්දිත ශබ්දයකින් උත්සවයක් සංකේතවත් කරනවා නම් ඒ උත්සවය කෙතරම් නින්දිත එකක්ද? බුද්ධ වර්ෂය එසේ නින්දිත ආකාරයට සමරන උත්සවයක් නෙවෙයි. එහෙම වෙන්නේ බුද්ධ ධර්මය ගෞරවනීය සාරවත් වූ දෙයක් නිසයි. නමුත් සමහර බෞද්ධ නාමධාරීන්ට වෙසඟය හුදු උත්සවයක් පමණයි. එහෙම වෙන්නේ බෞද්ධයෙකුගේ ආකල්පය කුමක්ද යන වග තමා නොදන්නා නිසයි.

බෞද්ධයාගේ ආකල්පය...

මේ වැරදි තේරුම් ගැනීම්වලින් ඉවත්වෙලා අප පැහැදිලි ස්ථාවරයකට ආ යුතුයි. හරි තේරුම් ගැනීමක් නැති කෙනා තුළ ඉල්පෙන ශ්‍රද්ධාවක් තිබුණත්, බෞද්ධයන් යැයි හඳුන්වා ගත්තත්, වෙනත් ආගම් මතවාද ඔවුන් තුළ තිබෙනවා. බෞද්ධ නාමයෙන් සිටින උදවිය ළඟ වෙනත් නොයෙක් දෘෂ්ටීන් තිබෙනවා. බෞද්ධයාගේ දෘෂ්ටිය සම්මා දිට්ඨියයි. සම්මා දිට්ඨිය කරා එන්න නම් අනෙක් සියලුම දෘෂ්ටීන් අත්හළ යුතුමයි. චතුරාර්ය සත්‍යයට පැමිණිය යුතුමයි. සම්මා දිට්ඨිය පහළ කරගත හැක්කේ බොදුනුවෙකුට පමණයි. එහෙනම් බෞද්ධයාගේ ආකල්පය විය යුත්තේ සම්මා දිට්ඨිය කරා පැමිණීමයි.

සම්මා දිට්ඨිය කරා පැමිණෙමු...

සම්මා දිට්ඨිය කරා පැමිණීම ලේසි නැහැ. කියන දේ තේරුම් ගැනීමට ශක්තියත්, වීර්යයත් තිබෙන කෙනාට සම්මා දිට්ඨිය කරා පැමිණීම අපහසු වෙන්නෙත් නැහැ.

සම්මා දිට්ඨිය කරා යන්න නම්...

පැහැදිලිව බුදුරජාණන් වහන්සේගේ ධර්මය මුණ ගැසිය යුතුයි.

ඒ ධර්මය පැහැදිලිව පිළිගත යුතුයි.

ඒ ධර්මය නුවණින් විමසීමෙන් තේරුම් ගැනීමේ හැකියාව තිබිය යුතුයි.

ශ්‍රද්ධාව ඇති වන්නේ එවිටයි. මෙම භාවනා වැඩසටහන් පැවැත්වීමෙන් මා බලාපොරොත්තු වන්නේ ද එය ම යි.

සියලු දෙනාටම ඉදිරියේදී ලබන්නා වූ බුද්ධ වර්ෂයේදී සම්මා දිට්ඨිය කරා පැමිණීමට හැකියාව ලැබේවා..."

එදිනට සුභ නව වසරක් වේවා...!

සාදු! සාදු!! සාදු!!!

❀ ❀ ❀

නමෝ තස්ස භගවතෝ අරහතෝ සම්මාසම්බුද්ධස්ස
ඒ භාග්‍යවත් අරහත් සම්මා සම්බුදුරජාණන් වහන්සේට නමස්කාර වේවා!

02.
ජීවිතයට ආරක්ෂාව තිසරණයයි

(ධර්ම දේශනයකි)

ශ්‍රද්ධාවන්ත පින්වතුනි,

ධර්මය නැති ජීවිතයට කිසිම ආරක්ෂාවක් නැහැ. ධර්මය නැති ජීවිතයක් නොමඟට වැටෙනවාමයි. ධර්මය ඇතිවෙන්නේ ඒ වගේ හිතුවක්කාර ජීවිත තුළ නොවෙයි. ධර්මය ඇති වෙන්නේ ධර්මයට කීකරු වෙන්න පුළුවන් ජීවිත තුළයි. ජීවිතයක් ධර්මයට කීකරු වෙන්නේ නැත්නම්, ඒ ජීවිතයට ධර්මය යන්නේ නැහැ. බුදුරජාණන් වහන්සේගේ ධර්මයේ ඒ සඳහා ලස්සන වචනයක් තිබෙනවා.

සුස්සූසති

'සුස්සූසති' කියන්නේ ධර්මය ඇසීමට ඇති කැමැත්තටයි. ධර්මය ඇසීමේ කැමැත්ත නැත්නම් ඒ ජීවිතවලට ධර්මය ලැබෙන්නේ නැහැ. බුදුරජාණන් වහන්සේගේ ධර්මය අපේ ජීවිතවලට ලබාගන්නට සමත්

වුණොත් එය විශාල ආරක්ෂාවක්. එහෙම නොවුණොත් ජීවිතයට කිසිම ආරක්ෂාවක් නැහැ.

අනාරක්ෂිත ජීවිත මෙන්න...

දැන් අපේ නෑ හිත මිතුරන් මැරෙනවා නේද? ඒ ජීවිත ගැන ආරක්ෂිතව කතා කරනවද? "අපේ ආච්චි මළා. එයා නම් චාතුම්මහාරාජිකයේ ඇති... මගේ නැන්දා මළා. එයා තාවතිංසයේ... මගේ මව මැරුණා. එයා දැන් තුසිතයේ..." මේ ආකාරයට ඒ ජීවිත ගැන අප කතා කරන්නේ නැහැ. අප ඔවුන් ගැන කියන්නේ මොනවාද? "හීනෙන් පෙනුණා... ඇඳුම් තිබුණේ නැහැ... බඩගිනියි කන්න ඕන කිව්වා... පෙරේතයෙක් වෙලා අසවලාට වැහුණා... අපේ ගෙදරත් ඇවිත් කරදර කරනවා..." සාමාන්‍යයෙන් රටේ තොටේ අපට ඇහෙන්නේ මේ ආකාරයේ සිදුවීම් නේද? මෙහෙම වුණේ ඒ ජීවිත තුළ නිවැරදිව තිසරණයවත් නොතිබුණු නිසයි.

තිසරණය හරියට තිබුණා නම් ආරක්ෂිතයි...

අපගේ ශාස්තෘන් වහන්සේ වූ සම්මා සම්බුදුරජාණන් වහන්සේත්, උන්වහන්සේ දේශනා කරන ලද ශ්‍රී සද්ධර්මයත්, ඒ ධර්මාවබෝධයෙන් මගඵල ලැබූ ශ්‍රාවක පිරිසත් අවබෝධයෙන් යුතුව සරණ ගියේ නම් ජීවිතය ආරක්ෂිතයි. ඒ වගේ කෙනෙක් මිය ගිය විටෙක එයා සුගතියේ උපන් බව කියමින් සතුටු වෙන්න පුළුවන්කම තිබෙනවා. ඒ සඳහා අප ධර්මය ඇසීමේ බලවත් කැමැත්ත (**සුස්සූසති**) ඇති කර ගත යුතු වෙනවා. එහෙම වුණොත් ධර්මය අසමින් එහි ප්‍රයෝජනය අරගෙන එහි විපාකත් ලැබිය හැකි වෙනවා. එහෙනම් අපට කියන්න පුළුවන් වේවි... "අපේ මහත්තයා මැරුණා. දැන් එයා චාතුම්මහාරාජිකයේ... අපේ නෝනා

මැරුණා. දැන් එයා තාවතිංසයේ...” කියලා. බලන්න කොයිතරම් ආරක්ෂාවක්ද ඒ ජීවිතවලට? මේ ආරක්ෂාව ලැබුණේ තිසරණය ඒ ජීවිතවල තිබුණු නිසයි. ධර්මය ඇසීමේ කැමැත්ත නොතිබුණා නම් එවැනි ආරක්ෂාවක් ඇති වෙන්නේ නැහැ. ‘සුස්සූසති’ තිබෙන තැනැත්තා එසේ ආරක්ෂා කරනවා.

විකාර ලෝකේ...

නමුත් මේ විදිහේ ආරක්ෂිත තත්වයක් සමාජය තුළ පේන්න නෑ නේද? මැරුණට පස්සේ කියන්නේ පාංශුකූලයට හාමුදුරුවරු මේ තරම් ප්‍රමාණයක් ඕන. මේ මේ අය ගෙන්වන්න ඕන කියලයි. මොකටද මේ? පට්ටන්දරේ කියවා ගන්නයි. ඊට පස්සේ තුන් දවසේ දානේ, හත් දවසේ දානේ, තුන් මාසේ දානේ, අවුරුද්දේ දානේ දෙනවා ජයටම. නමුත් මැරුණු අය කොහේද? භූත ආත්මවල භූතයින්, පෙරේතයින් වෙලා. මොකද එහෙම වුණේ? ධර්මය නොලැබීම නිසයි. බුදුරජාණන් වහන්සේගේ ධර්මය ලැබුණා නම් මේ වගේ තත්වයක් මතු වෙන්නේ නැහැ. එහෙම වුණා නම් මිනිස්සු ඒ ආකාරයට තේරුමක් නැති දේවල් කරන්නෙත් නැහැ.

යහපත් ලොවකට ආදර්ශයක්...

දවසක් බුදුරජාණන් වහන්සේ ආනන්ද ස්වාමීන් වහන්සේත් එක්ක ‘නාදිකා’ කියන ගමට වැඩියා. ඒ වෙද්දී සමහර විට ඒ ගමේ ව්‍යසනයක් වෙලා මිනිසුන් විශාල සංඛ්‍යාවක් මරණයට පත්වෙලා වෙන්න ඇති. ආනන්ද ස්වාමීන් වහන්සේ අහනවා,

“ස්වාමීනි, මේ ගමේ විශාල පිරිසක් මරණයට

පත්වෙලා. ඒ අය කොහේ කොහේ ඉපදෙන්න ඇද්ද? 'සුජාතා' කියලා භික්ෂුණියක් හිටියා. එයා කොහේ ඉපදුණාද?"

"එයා අනාගාමී වෙලා හිටියේ. බඹලොව ගිහින් ඉපදුණා" කියලා බුදුරජාණන් වහන්සේ පිළිතුරු දී වදාළා.

ඒ විදිහටම දිගටම පිළිතුරු ලැබුණා. අසවල් භික්ෂුණිය කොහේද කියලා ඇහුවාම පිරිනිවන් පා වදාළ බව ආනන්ද ස්වාමීන් වහන්සේට දැනගන්නට ලැබුණා. අසවල් අසවල් ස්වාමීන් වහන්සේලා ද පිරිනිවන් පා වදාළ බව දැනගත්තා. අසවල් උපාසක මහත්වරුන් අනාගාමී වෙලා බ්‍රහ්ම ලෝකයේ, අසවල් උපාසිකාවන් අනාගාමීව බඹලොව උපන් බව දැනගත්තා.

එහෙම විස්තර කරගෙන ගිහින් බුදුරජාණන් වහන්සේ නැවතත් මෙහෙම වදාරනවා,

"ආනන්දය, මේ ගමේ සකදාගාමී පිරිස අනූවකට වඩා හිටියා. සෝතාපන්න වෙලා හිටිය පිරිස පන්සියයකට වැඩියි."

දැන් අපට පැහැදිලි වෙනවා ධර්මය ලැබුණු අය ගැන. ඒ ධර්මය ලබාගෙන ඒ පිරිස ගියේ සුගතියටයි. ඛේදවාචකයකින් මරණයට පත්වුණු ඒ ගමේ විශාල පිරිසකට කිසිම හානියක් වුණේ නැහැ. වාසනාවන්තව මරණයට පත්ව සුගතිගාමී වුණා. කිසිවෙක් ප්‍රේත ලෝකවල, අපායේ ඉපදුණේ නැහැ. ධර්මය තිබෙන ලෝකයක ස්වභාවය නම් එයයි.

මහා දානපති ප්‍රේත ලෝකයේ අධිපති...

අද 'මහා දානපති... දාන සාගර...' කියාගෙන

බෞද්ධ අය හැටියට පෙනී සිටින පිරිස මැරෙනවා. ඒ අයගේ ඤාතීන් ඇවිත් කියන දේවල් ඇහුවාම අපටත් ලැජ්ජයි. හාමුදුරුවරුන් අපවත් වෙනවා. සමහර ස්වාමීන් වහන්සේලා හිටිය විදිහ ගැන කියන්නත් ලැජ්ජයි. මේ හැමෝම එක දෙයක් නැතිව ඉඳලා තියෙන්නේ. හාමුදුරුවරුත් ඉඳලා තියෙන්නේ තිසරණය නැතිවයි. මහා දානපතීන් වෙලා තියෙන්නෙත් තිසරණය නැතිවයි. තිසරණය නැති කෙනාට ආරක්ෂාවක් ලැබෙන්නේ නැහැ. ඒ අයගේ ජීවිත හරිම අනාරක්ෂිතයි. ඒ අය මැරෙන්නේ අසරණවයි. කෝටිපතියා වුණත් තිසරණය නැත්නම් අසරණයි.

අසරණ වුණේ ශ්‍රද්ධාව නැති නිසයි...

මේ වගේ අසරණ කමක් ඇතිවුණේ ශ්‍රද්ධාව නැති හේතුවෙනුයි. ශ්‍රද්ධාව තියෙන පුද්ගලයා තුළ ලොකු වෙනසක් තිබෙනවා. ශ්‍රද්ධාව තියෙන කෙනාව වචනයෙන් දෙකෙන් තේරුම් ගන්න පුළුවන්. ඒ වගේමයි ශ්‍රද්ධාව නැති කෙනාවත් කතා කරන වචනයෙන් දෙකෙන් හඳුනාගන්න පුළුවන්. ශ්‍රද්ධාව ඇති අය ඉන්නවා. හැබැයි බොහෝම ටික දෙනයි. ශ්‍රද්ධාව නැති පිරිස නම් ඕන තරම් ඉන්නවා.

ශ්‍රද්ධාව පිහිටන්නේ සෝතාපත්ති අංගවලයි...

ශ්‍රද්ධාව පිහිටන්නේ කොහේද? ශ්‍රද්ධාව පිහිටන්නේ සෝතාපත්ති අංගවලයි. සෝතාපත්ති අංග හතරයි.

1. බුදුරජාණන් වහන්සේ කෙරෙහි නොසෙල්වෙන ප්‍රසාදය
2. ශ්‍රී සද්ධර්මය කෙරෙහි නොසෙල්වෙන ප්‍රසාදය

3. ශ්‍රාවක පිරිස කෙරෙහි නොසෙල්වෙන ප්‍රසාදය

4. ආර්යකාන්ත සීලය

මේ ලක්ෂණ හතර තිබෙන කෙනා බොහෝම කල්පනාකාරීව...

මෙන්න මේ ලක්ෂණ හතර යම්කිසි කෙනෙකු තුළ පිහිටියා නම් එයා බොහෝම පරෙස්සමෙන් තමන්ට ධර්මය ලැබෙන වැඩසටහන පමණක් තෝරාගන්නවා. එයා එහෙම නැතිව අද මෙතැනට, හෙට අර වැඩසටහනට, ලබන සතියේ අසවල් කෙනාගේ වැඩසටහනට යනවා කියලා අවිචාරවත් ලෙසින් ධර්ම වැඩසටහන් බෙදා ගන්නේ නැහැ. එයා කල්පනා කරන්නේ කොතැනද නොසෙල්වෙන ශ්‍රද්ධාව ඇති වැඩසටහන තියෙන්නේ කියලයි. ශ්‍රද්ධාවන්තයා නිතරම කතා කරන්නේ මෙහෙමයි. "අනේ, ඔයගොල්ලොත් ශ්‍රද්ධාව පිහිටුවාගන්න... තිසරණය තමයි අපට තියෙන්නේ. කොච්චර ලොකු දෙයක්ද, මේ තිසරණය හරියට දැනගෙන, සමාදන් වෙලා පුරුදු කරන්නට ලැබීම" ශ්‍රාවකයා ඒ විදිහයි. ශ්‍රාවකයා තමන්ට ලැබුණු දේ ගැන නිතරම සන්තෝෂ වෙනවා. තවත් කෙනෙකුට ඒ දෙය ලැබෙනවට සන්තෝෂ වෙනවා. ඒක තමයි මුදිතාව. ශ්‍රද්ධාවන්ත ශ්‍රාවකයාට ඉරිසියාව ඇතිවෙන්නේ නැහැ.

ශ්‍රද්ධාව නැති කෙනා ළඟ පුහු මාන්නය විතරයි...

ඉරිසියාව ඇතිවෙන අය චුට්ටක් වරදින කම් ඉන්නවා නින්දා කරන්න බලාගෙන. තරහක් ඇති වුණු කෙනාව "ආ... ඔයාගොල්ලො භාවනා කරන අය නේද...?" කියලා නින්දාවට පත් කරනවා. තවත්

කෙනෙක් මෙහෙම අහනවා, "ඔයගොල්ලො ඤාණානන්ද හාමුදුරුවන්ගේ වැඩසටහන්වලට යනවා නේද? ඉතින් කෝ ඔයගොල්ලන්ගේ සමාධිය?" මෙහෙම අහන කෙනා ළඟ ශ්‍රද්ධාවක් තියෙනවද? නැහැ. එයා බෞද්ධයෙක් නෙවෙයි. පුහුමාන්නයක් ඔළුවේ තියාගෙන අනිත් අයට අපහාස කරන්න උත්සාහ කරන තෙරුවන් සරණ නොගිය කෙනෙක්. එහෙම සැදැහැවතුන්ගේ හිත් රිදෙන විදිහට කතා කරන සමහර අය ඉන්නවා. "කෝ සමාධිය වැඩුණද...?" කියලා අහනවා. මේ විදිහට අහන උදවිය ශ්‍රද්ධාවන්තයින් නම් නෙවෙයි. ඒ පිරිස... ධර්මය ඉගෙනීමෙන් නිහතමානී බව ඇති කරගන්නවා වෙනුවට, ධර්මයේ නාමයෙන් ලොකුකමක් හිතට අරගෙන හිස උදුම්මවා ගත් පිරිසකුයි. ධර්මය තේරුම් අරගෙන ශ්‍රද්ධාව ඇති කරගත් කෙනෙක්ගේ කටින් මේ වගේ දේවල් පිට වෙන්නේ නැහැ.

රස්සාවකට, කසාදයකට, පොල් ගෙඩියකට වෙනස් වෙන්නේ ශ්‍රද්ධාව නැති නිසයි...

මනුස්සයෙකුගේ ගුණධර්මයකට නින්දා කරන්න බලාගෙන ඉන්න සමාජයක් තියෙන්නේ. චුට්ටක් එහා මෙහා වෙනකම් බලන් ඉන්නවා ගුණධර්මවලට නින්දා කරන්න. ඒක ශ්‍රද්ධාව ඇතිකමද? නැතිකමද? මේ සමාජයට සිදුවෙලා තියෙන්නේ ශ්‍රද්ධාව නැතිකමයි. මේ ශ්‍රද්ධාව නැති සමාජය වෙනස් කරන්නට පොල් ගෙඩි දෙකෙන් පුළුවන්. හාල් හුණ්ඩුවකින් වෙනස් කරන්න පුළුවන්. ශ්‍රද්ධාව තිබුණු සමාජය නම් කිසිම ආකාරයකින් වෙනත් ආගමකට හරවන්න බැහැ. දැන් එහෙම නොවෙයි. ඉස්කෝලෙකට දාගන්න ඕනකම නිසා ආගම වෙනස් කරනවා. හාල් කිලෝවකට ආගම වෙනස් කරනවා. මෙහෙම වෙන්නේ

ශ්‍රද්ධාව නැතිකම හේතුවෙන්.

ශ්‍රද්ධාව නැති තැන සල්ලි... ලස්සන මොකටද...?

සල්ලි තියෙන අය ළඟත් ශ්‍රද්ධාවක් ඇත්තේ නැහැ. කොපමණ සල්ලි වියදම් කළත් ශ්‍රද්ධාවක් නැත්නම් වැඩක් නැහැ. වියදම් කරන්නේ නම්බුව ගන්නයි. පන්සල් හදන, වෙහෙර විහාර හදන වැඩි දෙනෙකුට ඕන වෙන්නේ තමන්ගේ නම දාන පුවරුවයි. එතැන ශ්‍රද්ධාවක් කොහෙන්ද? ශ්‍රද්ධාව නැතිකෙනා අන්‍ය ආගමිකයන්ට අහුවෙනවා. එක් ශ්‍රද්ධාවන්ත මහත්මයෙකු විසින් එක්තරා භාවනා මධ්‍යස්ථානයක් හැදුවා. ඒ වගේ පුණ්‍ය ක්‍රියාවක් කළ පියෙකුගේ පුතා අද උග්‍ර කතෝලිකයෙක්. එයා තමයි ලංකාවේ කතෝලික ව්‍යාපාරයේ පුරෝගාමියා ලෙස කටයුතු කරන්නේ. ඒගොල්ලන්ගේ ඉලක්කය සම්පූර්ණයෙන්ම බෞද්ධ ජනතාව කතෝලික ආගමට හරවා ගැනීමයි. එයා දැන් කියනවා, "මම බෞද්ධ වෙලා හිටපු කාලේ මට කිසි වගතුවක් නැහැ. මම ආගම වෙනස් කළා විතරයි, දෙවියන් වහන්සේ මා දිහා බැලුවා" මෙහෙම කියන්නේ පල්ලියෙන් සල්ලි කුට්ටියක් හම්බවෙන නිසයි.

තිසරණය තියෙන්නෙත් රූ රැජිණ වෙන්න නෙවෙයි...

ඊළඟට රූ රැජිනක් මෙහෙම කියනවා, "මට අවුරුදු 18 දී තේරුණා මේ බුද්ධාගම හිස් දෙයක් බව. ඒ නිසා මං ඒක අත්හැරියා. මම දෙවියන් වහන්සේ අදහන්න පටන් ගත්තට පස්සෙයි මම රූ රැජිණ වුණේ" කියලා ජනමාධ්‍ය

තුළින් පතුරුවනවා. තිසරණය සමාදන් වෙන්නේ රූ රැජිණ වෙන්නද?

ශ්‍රද්ධා ලාභය ඇති කරගත යුතු මානසිකත්වයක් අවශ්‍යයි...

ඉතින් දූන් ශ්‍රද්ධාව නැති ජනතාව මේවා ගැන ඇහුවාම මොකද වෙන්නේ? ඒ අය සැලෙනවා. 'මේ කියන දේවල් ඇත්ත වෙන්න ඇති' කියලා හිතනවා. 'අනේ මේ කාලකණ්ණි මිනිස්සු මේ තිසරණය පාවා දීලා නේද...?' කියලා හිතන්න ශක්තියක් ඇති වෙන්නේ නැහැ. මෝඩකම නිසා ආගම වෙනස් කළ අය වෙන වෙන ලාංඡන එල්ලාගෙන ඉන්නවා දැක්කහම අපේ අයත් ඒවා එල්ලා ගන්නවා. මෙන්න මේ වගේ මානසිකත්වයක් රටේ හැදීගෙන යනවා. මෙහෙම වෙන්නේ ශ්‍රද්ධාව නැතිකම නිසා ම යි. වෙන කිසිම හේතුවක් නැහැ. නැති බැරිකම හේතුවක් නොවෙයි. හේතුව ශ්‍රද්ධාව නැතිකම ම යි.

නැතිබැරිකම ශ්‍රද්ධාව නැතිකමයි. බුදුරජාණන් වහන්සේ ශ්‍රද්ධාව ගැන පෙන්වා දුන්නේ ලොකුම ධනය කියලයි. ශ්‍රද්ධා ධනය තියෙන කෙනා දිළින්දෙකු නෙවෙයි. ශ්‍රද්ධා ධනයෙන් බෞද්ධ ජනතාව ආඪ්‍ය විය යුතුයි.

අපි තිසරණය ගැන සිහියෙන්... කොඳු පණ ඇතිව සිටිය යුතුයි...

මා ඉන්දියාවේ මදුරාසියේ වකුගඩුවක් දන් දෙන්න ගිය වෙලාවේදී ආරෝග්‍ය ශාලාවට පාදිලිවරයෙක් ආවා. වකුගඩුව අරගත්තට පස්සේ ඔහු *Thanks God* කියලා මා දිහා බලලා ආශීර්වාදයක් කළා. මා ඔහුට මෙහෙම කිව්වා,

"දෙවියන් වහන්සේ ගැන හිතලා නෙවෙයි මම මෙහෙම පරිත්‍යාගයක් කළේ. අපගේ ශාස්තෘන් වහන්සේ වන භාග්‍යවත් සම්මා සම්බුදුරජාණන් වහන්සේ බුදු බව ලබන්නට කලින් ආත්මභාවයන් වලදී ඇස්, හිස්, මස්, ලේ දන් දීලා තියෙනවා. උන්වහන්සේ පාරමී පුරන කාලයේ මේ ශරීර අවයව දන් දීලා තියෙනවා. ඒ නිසයි අපි අපේ ශරීර අවයව භය නැතිව දන් දෙන්නේ. ඔයගොල්ලන්ගේ ආගමේ ඒ විදිහට කවුරුවත් දන් දීලා තියෙනවාද? නැහැනේ. ඒ නිසා ස්තූති කරනවා නම් මට ස්තූති කරන්න..."

Thanks God... Thank You වුණා...

ඊට පස්සෙත් ඒ පාදිලිවරයා කීප සැරයක්ම මා බලන්නට පැමිණියා. හැබැයි ඒ හැම වෙලාවකදීම ආපසු යද්දි *Thank You* කියලයි ගියේ. අන්න ඒ ආකාරයටයි මා ඒ අවස්ථාව නිවැරදි කළේ. අපේ අය නම් *Thanks* God කියලා කිව්වාම *Yes, Thanks* කියලා කියාවි. ඒක තමයි මෝඩකම. ඒ කියන්නේ තමන් තෙරුවන් සරණ ගිය කෙනෙක් බව තමන්ට මතක නැහැ. පොල්පිත්තක් හරි වන්දනා කරන්න ලෑස්තියි. තමන්ට වාසියක් ලැබෙයි කියනවා නම්. 'අන්න අතනට යමු වන්දනාමාන කරගන්න. හිතේ තියෙන දේවල් ඉෂ්ට වෙනවා. ආශීර්වාදයක් කරගත්තාම ලෙඩ සනීප වෙනවා. ආර්ථික තත්වය හොඳ වෙනවා' කියලා කිව්වොත් 'යමල්ලා... යමල්ලා... හනිකට' කියලා එතැනට දුවනවා. මොහොතකටවත් මතක නැහැ තමන් තෙරුවන් සරණ ගිය කෙනෙක් බව. සතිය නැහැ. තිසරණය ගැන සිහිය නැහැ.

සිප්පි කටුවකින් සෞභාග්‍යය හොයනවා...

අවබෝධයකින් තෙරුවන් සරණෙහි පිහිටියා නම් කිසිම දවසක ඒ වගේ තත්වයක් උදාවෙන්නේ නැහැ. බෞද්ධ ජනතාව අවබෝධයකින් යුතුව තෙරුවන් සරණ නොගිය නිසා අනෙක් ආගම් විසින් පුදුමාකාර විදිහට ඒ අය කලම්බනවා. හක් බෙල්ලෙක් තියාගත්තොත් සියලු ලාභ ලැබෙනවා කියලා කිව්ව කාලයක් තිබුණා. සිප්පි බෙල්ලෙකුට පුළුවන්ද අපට සෞභාග්‍යය ලබාදෙන්න...? මිනිස්සු පිළිගන්නේ නැද්ද මේවා? දකුණට කරකැවුණු වාලම්පුරි දහස් ගණන් මුදල් ගෙවලා අරගත්තේ නැද්ද? එහෙම වුණේ තමන්ට නියමාකාරයෙන් තිසරණය නොතිබුණු නිසයි. තමන්ට ඒ ගැන සිහියක් නොතිබුණු නිසයි.

තෙරුවන් සරණ ගිය කෙනෙකුට මම ආදරෙයි...

වෙන ආගමක ළමයෙක් තමන් එක්ක යාළුවෙන්න ආවොත් අපි මෙහෙම කියන්න ඕන. "මාත් එක්ක යාළුවෙන්න නම්, මාව කසාද බඳින්න නම් ඔයා තෙරුවන් සරණ යන්න ඕන. නැත්නම් මම යාළුවෙන්නේ නෑ..." කියලා. දැන් වෙන්නේ එහෙම නෙවෙයි. ගෙවල්වලින් කියන්නේ 'ළමයා හොඳ නම් ආගම මොකටද?' කියලයි. ඒකේ තේරුම තිසරණයක් වැඩක් නැහැ කියන එකයි. තිසරණය තියෙන සමාජයක් දැන් ඇත්තේ නැහැ. තිසරණය තියෙන වැඩිහිටි සමාජයකුත් නැහැ. දැන් අපට සිදුවෙලා තියෙන්නේ අලුතෙන්ම තිසරණය ගැන කියලා දීලා, තිසරණයක් තියෙන සමාජයක් අමුතුවෙන්ම බිහිකිරීමයි. අමාරු දෙයක් වුණත් අපගේ මේ වැඩසටහන්වල පරමාර්ථයත් ඒකමයි.

ලෝකයේ වටිනාම දේ...

තිසරණය යම් කෙනෙක් ළඟ තියෙනවා නම් ඒක මිල කරන්න බැහැ. දැන් අපි කෙනෙකුගෙන් අහනවා 'වටිනාම දේ මොකක්ද?' කියලා. කෙනෙක් කියනවා, 'මට සල්ලි ගොඩක් තියෙනවා නම් හොඳයි' කියලා. කෙනෙක් කියනවා, 'මට රත්තරන් බඩු ටිකක් තියෙනවා නම් හොඳයි.' තව කෙනෙක් කියනවා, 'මට නගරයෙන් ඉඩකඩම් ටිකක් තියෙනවා නම් හොඳයි.' තවත් කෙනෙක් කියනවා, 'මට හොඳ වාහනයක් තියෙනවා නම් හොඳයි.' කියලා. තවත් කෙනෙක් කියනවා හොඳට සිහිය තියෙන නිසා... එයා කියනවා, 'මට නම් වටින්නේ තිසරණයයි. මට තිසරණයේ හරියට පිහිටන්න තියෙනවා නම් හොඳයි' කියලා.

දැන් සල්ලි හොඳයි කියපු කෙනාට ලෝකයේ තියෙන සේරම සල්ලි ටික ගෙනැත් දෙනවා. ගෙනැත් දීලා කියනවා, 'පුළුවන් නම් සතර අපායේ වැටෙන එක නවත්වන්න මේ සල්ලි ටික සේරම වියදම් කරලා...' ලෝකයේ තියෙන රන්, රිදී, මුතු, මැණික් ටික ඔක්කෝම රත්තරන් බඩු හොඳයි කියූ කෙනාට දීලා කියනවා, ඒ ඔක්කෝම වියදම් කරලා සතර අපායේ වැටෙන එක නවත්වන්න' කියලා. වාහනයක් ඕනේ කියපු කෙනාට ලෝකයේ තියෙන වාහන ටික ඔක්කෝම ගෙනැත් දීලා එහෙම කියනවා. ඉඩම් ඕනේ කියලා කිව්ව කෙනාට ලෝකයේ තියෙන ගේ දොර, ඉඩකඩම් ඔක්කෝම ලියලා දීලා කියනවා, 'ඒවා උකස් කරලා සතර අපායේ යන එක නවත්වන්න' කියලා. මේ තරම් වස්තුව, දේපල, මිල මුදල් ලැබුණු මේ කිසි කෙනෙකුට මරණින් පස්සේ සතර අපායේ යන එක වළක්වන්න පුළුවන් වෙන්නේ නෑ.

ඊළඟට තෙරුවන් සරණ ගිය කෙනාටත් කියනවා, 'එයා ළඟ පේන්න දේපලක්, මිල මුදලක්, වස්තුවක් කිසිම දෙයක් නැහැ. එයාට පුළුවන් වේවිද, සතර අපායේ වැටෙන එක නවත්වන්න...? එයා තෙරුවන් සරණ ගිය කෙනෙක් නිසා එයාට පුළුවන් සතර අපායට නොවැටී බේරෙන්නට. එහෙනම් දැන් කියන්න කා ළඟද වටිනාම දේ තියෙන්නේ? වටිනාම, මිල කරන්න බැරි දේ තියෙන්නේ තෙරුවන් සරණ ගිය ශ්‍රාවකයා ළඟයි. අනෙක් කිසිම කෙනෙකුට එයාට කරන්න පුළුවන් දෙය කරන්නට බැහැ. එහෙනම් ලෝකයේ තිබෙන වටිනාම දේ තිසරණයයි.

ඒක බුදුරජාණන් වහන්සේ වදාළ දෙයක්...

තිසරණයෙහි වටිනාකම බුදුරජාණන් වහන්සේ විසින් පෙන්නා දුන්නේ මෙහෙමයි.

"ආනන්දය, යම් කෙනෙකුගේ යහපත කැමති නම්, ඒ කෙනාව බුදුරජාණන් වහන්සේ කෙරෙහි නොසෙල්වෙන ප්‍රසාදයක පිහිටුවන්න. ශ්‍රී සද්ධර්මය කෙරෙහි නොසෙල්වෙන ප්‍රසාදයක පිහිටුවන්න. මාර්ගඵල ලාභී ශ්‍රාවක පිරිස කෙරෙහි නොසෙල්වෙන ප්‍රසාදයක පිහිටුවන්න. ආනන්දය, පඨවි, ආපෝ, තේජෝ, වායෝ කියන සතර මහා ධාතූන් වෙනස් වෙනවා. ඉඩෝර ඇතිවෙනවා. ජල ගැලීම් ඇතිවෙනවා. ගිනි කඳු පුපුරනවා. තෙරුවන් සරණ ඒ විදිහට වෙනස් වෙන්නේ නෑ. එයාට අනතුරක් නෑ.

මොකක්ද අනතුර? අනතුර මනුෂ්‍යයා මරණින් මත්තේ නිරයේ ඉපදීම, තිරිසන් ලෝකයේ ඉපදීම. ප්‍රේත ලෝකයේ ඉපදීමයි. එහෙම සිදුවන්නේ නැහැ තිසරණයෙහි නොසෙල්වෙන ප්‍රසාදය තියෙන කෙනාට. මේ බුද්ධ

වචනයයි. මේක අංගුත්තර නිකායේ තික නිපාතයේ සඳහන් වෙනවා. ඒ වගේ වටිනා දෙයක් තමයි බෞද්ධ ජනතාව නැති කරගෙන තියෙන්නේ.

සරණ යා යුත්තේ බුදුරජාණන් වහන්සේවයි...

තෙරුවන කෙරෙහි ප්‍රසාදයකින් යුතු අවබෝධයට පැමිණුනේ නැත්නම් තිසරණය මොහොතකින් නැතිවෙලා යනවා. දැන් අප බුදුරජාණන් වහන්සේ සරණ යනවා. උන්වහන්සේගේ ගුණ කියනවා. එතකොට අප සරණ ගියේ මහාමායා දේවීන් වහන්සේගේ කුසේ පිළිසිඳ ගත්, ලුම්බිණි සල් උයනේදී උපන්, බුද්ධගයාවේදී සම්බුද්ධත්වයට පත්වූ, බරණැස ඉසිපතන මිගදායේදී ප්‍රථම ධර්ම දේශනාව පැවැත්වූ, කුසිනාරා නුවර උපවර්තන සාලවනෝද්‍යානයේදී පිරිනිවන් පා වදාළ අපගේ ශාස්තෘන් වහන්සේවයි. කෙනෙක් කියනවා, 'මොන පිස්සුද? පුද්ගල සරණක් නොවෙයි යා යුත්තේ. යා යුත්තේ බුද්ධියේ සරණයි.' එහෙම කියූ ගමන් මොකද වෙන්නේ? තිසරණේ නැහැ. තිසරණේ කැඩෙනවා. තමන්ගේ බුද්ධියේ සරණ ගිහින් තමයි අප මෙපමණ කලක් මේ සංසාරේ දුක් විඳිමින් ආවේ.

අපේ බුද්ධිය සරණ ගියොත් සංසාරයම තමයි

තමන්ගේ බුද්ධිය සරණ ගියොත් තමන්ට සංසාරය මිසක නිර්වාණයක් නම් නැහැ. අපේ කල්පනාව තියෙන්නේ අවිද්‍යාව ප්‍රත්‍යයෙනුයි. ඒ අවිද්‍යාව ප්‍රත්‍යයෙන් හැදෙන්නේ පටිච්චසමුප්පාදයයි. **අවිජ්ජා පච්චයා සංඛාරා, සංඛාර පච්චයා විඤ්ඤාණං....** කියලා දිගටම හටගන්නේ

දුකයි. ඒ අවිද්‍යාව හේතුවෙන් ඇතිවෙන්නේ සංස්කාරයි. සාමාන්‍ය ජීවිත තුළ තියෙන්නේ සංස්කාර ගොඩක්. ඒ කියන්නේ අපි හුස්ම ගන්නෙත්, වචන කතා කරන්නට පෙළඹෙන්නෙත්, හිතන්නෙත් අවිද්‍යාත්මකව සංස්කාර ගොඩක් තුළ හිඳිමිනුයි. ඒ නිසා ඇතිවෙන විඤ්ඤාණයත් අවිද්‍යාත්මකයි. එතැනින් එහාට සතර මහා ධාතූන් ගෙන් හටගත් රූප කෙරෙහි ඇලෙන්නෙත්, විඳින්නෙත්, අවිද්‍යාත්මකව සංස්කාර ගොඩක් තුළ හිඳිමිනුයි. ඒ නිසා ඇතිවෙන විඤ්ඤාණයත් අවිද්‍යාත්මකයි. එතැනින් එහාට සතර මහා ධාතූන්ගෙන් හටගත් රූප කෙරෙහි ඇලෙන්නෙත්, විඳින්නෙත්, චේතනා ඇතිවෙන්නෙත්, චේතනාත්මකව සංස්කාර ගොඩක් රැස් කරමිනුයි. ඉතින් මේ අවිද්‍යාත්මක චින්තනය තුළ තියෙන අපේ බුද්ධියේ සරණ ගිහින් සසරෙන් ගැලවෙන්නේ කොහොමද?

සංසාර දුකෙන් ගැලවෙන්න නම්, විද්‍යාව පහළ කරගත් උත්තමයෙකුගේ සරණ...

අපේ සසර ගමනෙන් ගැලවෙන්න නම්, අවිද්‍යාව ප්‍රහාණය කළ උත්තමයෙකුගේ බුද්ධිය අවශ්‍ය වෙනවා. ඒ බුද්ධිය තමන් විසින්ම ලබා ගත් එකම උත්තමයා අපගේ ශාස්තෘන් වහන්සේ වූ ඒ භාග්‍යවත් සම්මා සම්බුදුරජාණන් වහන්සේයි. උන්වහන්සේගේ ශ්‍රේෂ්ඨ ඤාණයෙන් සසර දුකෙන් ගැලවෙන මූලික පියවර අපට පෙන්වා වදාළා. ඒ බුදුරජාණන් වහන්සේ කෙරෙහි නොසෙල්වෙන ප්‍රසාදය, ශ්‍රී සද්ධර්මය කෙරෙහි නොසෙල්වෙන ප්‍රසාදය, මාර්ගඵල ලාභී ශ්‍රාවක පිරිස කෙරෙහි නොසෙල්වෙන ප්‍රසාදය සහ ආර්යකාන්ත සීලයක පිහිටන ලෙසයි. උන්වහන්සේ තම තමන්ගේ බුද්ධියේ සරණ යා යුතු බවක් පෙන්වා දුන්නේ නැහැ. එහෙම පුළුවන්කමක්

තියෙනවා නම් උන්වහන්සේගේ මහා ඥාණයට ඒ බව වැටහෙනවා. උන්වහන්සේ පෙන්වා දුන්නේ කොහොමද? තිසරණයෙහිම පිහිටන ලෙසයි.

තිසරණ සරණෙන් පිට සරණක් අපට එපා

එහෙනම් අප තිසරණ සරණෙන් පිට බුද්ධියේ සරණ හෝ වෙන මොන සරණක් වත් නොයා යුතුයි. යම් කෙනෙක් එහෙම කියනවා නම් ඒ කියන්නේ ඔහුට බුද්ධියේ සරණක් නැති නිසයි. බුදුරජාණන් වහන්සේ වදාළ දේ ගැන නොදන්නාකම නිසයි. බුදුරජාණන් වහන්සේ වදාළ දේ ඉගෙන ගත යුතු බවට බුද්ධියක් නැති නිසයි. මෝඩකමේ සරණ ගිහින් ශ්‍රී සද්ධර්මය වෙනස් කරන අයට අයිති දුක තමයි. බුදුරජාණන් වහන්සේ වදාළේ, යම් කෙනෙකුට හිතානුකම්පී බවක් තියෙනවා නම් ඒ කෙනාව තිසරණ සරණෙහි පිහිටුවන ලෙසයි. මේ වැඩසටහන් තුළින් වෙන්නේත් එයමයි.

තිසරණය කැඩෙන හැටි...

මේ කාරණා නොදන්න අය අතින් ධර්මය පිළිබඳ ප්‍රසාදය කැඩී යනවා. 'මොන ධර්මයක් ද...? අපට වැඩක් නැහැ ඕව... ජීවත් වෙන හැටියක් බලාගමු...' කියලා කිව්ව ගමන් ධර්මයේ සරණ කැඩෙනවා. 'නිවන පැත්තකින් දාමු... ජීවත්වෙලා ඉන්න අය ගැන බලා ගනිමු... ඒ අය හොඳ කරමු...' කියලා කියන අය ඉන්නවා. එහෙම කිව්ව ගමන් ධර්මයේ සරණ කැඩිලා යනවා. සමහර හාමුදුරුවරු බණ පටන්ගන්න කොටම 'මම කියන්නේ නිවන පිණිස ධර්මයක් නම් නොවෙයි.' කියලා කියනවා. එතැනදී පටන්ගන්න කොටම ධර්මයේ සරණ බිඳිලා අවසානයි. ඒ බණ අහන අයට ධර්මයේ සරණ ලැබේවිද? බුදුරජාණන්

වහන්සේ අවබෝධයෙන් තමන්ගේ ඤාණයෙන් දෙව්ලොව, බඹලොව, ප්‍රේත ලෝකය, නිරය දැක්කා. ඒවා ඔක්කෝම තියෙන්නේ මේ ලෝකයේ කියලා කිව්ව ගමන් සරණ කැඩෙනවා. ඇයි ඒ බුදුරජාණන් වහන්සේට චුතූපපාත ඤාණයක් තිබුණා. අපට එහෙම ඤාණයක් තියෙනවද? නැහැ. අපට මනුස්සයෙක් මැරෙනවා දකින්න පුළුවන්ද? බැහැ. එයා චුතවෙනවා දකින්න අපට බැහැ. අපට දකින්න පුළුවන් වෙන්නේ එයාගේ හුස්ම නවතින එක විතරයි. එහෙම නැතිව... මෙන්න දැන් එයාගේ විඤ්ඤාණය චුත වුණා... අන්න අසවල් තැන පිළිසිඳ ගත්තා...' කියලා කියන්න අපට ඤාණයක් නැහැ. ඒ ඤාණය තිබුණු උත්තමයා ප්‍රකාශ කළ දේ බැහැර කළ ගමන් එයාගේ සරණ ඉවරයි. 'කෝ ඔයගොල්ලන්ගේ සමාධිය...? කෝ ඉතින් ඔය ධර්මය අහලා මාර්ගඵල ලබන්න පුළුවන් වුණාද...?' කියලා ඇහුව ගමන් තිසරණය කැඩෙනවා.

තිසරණය නොකැඩෙන්න නම්...

තිසරණය නොකැඩෙන්න නම් තිසරණයත් එක්ක සිහිය ඇතිවෙන්න ඕන. සිහිය නැතිකමෙන් තමයි තිසරණය කැඩෙන්නේ. බොහෝ දෙනෙක් තමන්ට තිසරණය නැති බවවත් දන්නේ නැහැ. නමුත් තිසරණය ඇති කරගත් කෙනා දන්නවා තමන්ට තිසරණය තියෙන බව. නිකං කතා බස් කර කර හිටියට තිසරණය පිහිටන්නේ නැහැ. එහෙම නම් ශ්‍රද්ධාවයි, සතියයි එක්කම නුවණත් තියෙන්න ඕන. ඒ කියන්නේ යෝනිසෝ මනසිකාරය තියෙන්න ඕන. දැන් අපට තේරෙනවා තිසරණය පිහිටන්න නම් ශ්‍රද්ධාවත් එක්ක යෝනිසෝ මනසිකාරය තිබිය යුතු බව. හොඳින් මතක තියාගන්න. 'ශ්‍රද්ධාවන්තයා කියන්නේ මෝඩයෙක් නෙවෙයි.'

සාදු කියන මෝඩ ශ්‍රද්ධාව අනතුරුදායකයි

සාමාන්‍ය ජනතාව ළඟ තියෙන ශ්‍රද්ධාව මොන වගේද? ඒක එහාට මෙහාට හොලවලා, පද්දලා, වීසිකරලා දාන්න පුළුවන් එකක්. ඒ ශ්‍රද්ධාවෙන් කරන්නේ... වෙලාවට සාදු කියනවා. දන් ටිකක් දෙනවා. එපමණයි. ඒකට කියන්නේ මෝඩ ශ්‍රද්ධාව කියලයි. දන් දෙන එක හොඳ දෙයක් වුණත් අවබෝධයකින් තොර ශ්‍රද්ධාවක ඉන්න කෙනාට ආරක්ෂාවක් නැහැ. එයාට සසරේ අනතුරු වැඩියි.

බොර දිය...

මා ගිය එක්තරා ගමක වැසියන් දැනගෙන සිටියේ දන් දෙන්නයි, සාදු කියන්නයි විතරයි. චතුරාර්ය සත්‍යය ගැන කිව්වහම 'ඒ මොකක්ද?' කියලා අහනවා. ඒ මොකක්ද? ශ්‍රද්ධාව පිහිටන්නේ නැතිකමයි. ඒ විදිහට දන් දුන්නා කියලා ලොකු ප්‍රයෝජනයක් ලැබෙන්නේ නැහැ. ඒ දානයෙන් සසර ගමන කෙටි වීමක් සිද්ධ වෙන්නේ නැහැ. මේ ආකාරයේ මිනිස්සු ගැන අන්‍යාගමික කණ්ඩායම් දැනගත්තා නම් ඉවරයි. එතැන තියෙන්නේ පැදි දිය නොව බොර දියයි. බොහෝම ලේසියෙන් වෙනත් ආගමකට හරවන්න පුළුවන් වෙනවා. දන් දුන්නට, සාදු කිව්වට ඒ ශ්‍රද්ධාවෙන් ජීවිතයකට යහපතක් නම් උදාවෙන්නේ නැහැ.

බෞද්ධයා දුප්පත් නැහැ... තිසරණය නැති අයගේ කතා ගණන් ගන්න එපා...

දුප්පත්කම ශ්‍රද්ධාවට බලපාන්නේ නැහැ. අපේ උගතුන් විසින් බෞද්ධ ජනතාව මානසික බෙලහීනත්වයකට පත්කරලා තියෙනවා. බෞද්ධ ජනතාව දුගී දුප්පත්කමෙන් පෙළෙන බවක් ඒ අය නිතරම කියනවා. බෞද්ධයා දුගී

දුප්පත්කමෙන් පෙළෙන බව කියන්නේ තිසරණය නැති කෙනෙක්ම විය යුතුයි. හාමුදුරුවරුත් එහෙම කියනවා නේද? එහෙම කියන එක විශාල වරදක්. බෞද්ධයා තමයි ධනවත්ම පුද්ගලයා වෙන්නේ. ඔහුට තිබෙන්නේ ශ්‍රද්ධා ධනයයි. එය මිල කළ නොහැකියි. තිසරණය හිමි කෙනාට මානව ඉතිහාසයේ මානව වර්ගයා සතු ආශ්චර්යමත් ප්‍රඥාව හිමියි. එයා තමයි බුදුන් සරණ හිමි කෙනා. දහම් සරණ, සඟුන් සරණ හිමි කෙනාත් එයයි. ඉතින් දුප්පතෙක් වෙන්නේ කොහොමද? බෞද්ධයා දුප්පතෙක් කියලා කටක් ඇරලා කියන්න එපා... අපේ රටේ ඉහළ පන්තිය දක්වා ගිහියන්, පැවිද්දන් මේ දුප්පත් කතාව කියාගෙන යනවා. හොඳින් මතක තියාගන්න... මේ කතාව යම්කිසි කෙනෙක් කියනවා නම් ඒ කියූ කෙනා තිසරණය නැති, එහි අර්ථය පිළිබඳව නොදන්නා කෙනෙක්.

අප සරණ ගියේ බුදුරජාණන් වහන්සේගේ මේ ශ්‍රාවක පිරිසයි...

ශ්‍රාවක සඟ පිරිස කවුද කියලා අප හොඳාකාරව තේරුම් ගත යුතුයි. අප සරණ ගියේ ඒ ශ්‍රී සද්ධර්මයට අනුව හැසිරෙමින් මගඵල ලබාගත් සෝවාන්, සකදාගාමී, අනාගාමී, මහරහත් මාර්ගඵලලාභී සඟ රුවනයි.

බුදුරජාණන් වහන්සේගේ කාලේ සමහර ස්වාමීන් වහන්සේලා 'කෙලෙස් සහිතව ජීවත් වීමෙන් වැඩක් නැත...' කියලා දිවි නසාගන්න ගියා. වෙනත් කොයි ආගමකද එහෙම කළේ? තවත් ස්වාමීන් වහන්සේලා කන්නෙත් නැහැ. බොන්නෙත් නැහැ. ජීවිත පරිත්‍යාගයෙන් යුතුව හිටියා 'කෙලෙස් සහිතව සිටීමෙන් ඵලක් නැහැ' කියලා. ඒ අය සීල, සමාධි, ප්‍රඥා වඩමින් අවසානයේ

නිවන් අවබෝධ කළ උත්තමයින් බවට පත්වුණා. අන්න ඒ බුදුරජාණන් වහන්සේගේ ශ්‍රාවක සඟ පිරිස දැක්කහම බලවත් ශ්‍රද්ධාවක් ඇතිවෙනවා.

මේ මෝඩ ශ්‍රද්ධාවෙනුත් සැලසෙන සෙතක් නැහැ...

හාමුදුරුනමක් වේදිකාවක දේශපාලනය කතා කරද්දී බුදුරජාණන් වහන්සේගේ ශ්‍රාවක පිරිස දැක්කා වගේ ශ්‍රද්ධාවක් ඇතිවෙනවාද? හාමුදුරු නමක් පෙළපාලියක දුවද්දී ශ්‍රද්ධාවක් ඇතිවෙනවාද? හාමුදුරු කෙනෙක් තාප්පයක් අස්සෙන් දිව්වොත් ඒක දකින කෙනාගේ ශ්‍රද්ධාව ඉවර වෙනවා නම්, එයාට තියෙන්නේ මෝඩ ශ්‍රද්ධාවක්. හාමුදුරු කෙනෙක් කොණ්ඩේ වැව්වොත් ශ්‍රද්ධාව ඉවර කෙනාට තියෙන්නේ මෝඩ ශ්‍රද්ධාවක්. එයාගේ ශ්‍රද්ධාව තියෙන්නේ කොණ්ඩේ මතයි. කෙනෙක් බිම බලාගෙන සංවර විදිහට ඇවිදින කොට ඇතිවෙන ශ්‍රද්ධාවත් මෝඩ ශ්‍රද්ධාවක් තමයි. ඒ වගේ අයට පැහැදෙන කෙනෙකුට දේවදත්ත ගැනත් ශ්‍රද්ධාවක් ඇතිවෙනවා. මොකද බිම බලාගෙන බොහෝම සංවරවයි එයා ඇවිද්දේ. පාංශුකූල සිවුරුයි පෙරෙව්වේ. ජීවත් වුණේ එළවළුයි, බතුයි විතරක් ආහාරයට අරගෙනයි. ඉතින් අපිත් පැහැදෙන්න බලන්නේ ඒ ආකාරයේ ගති පැවතුම් වලටම නේද? දේවදත්තට පැහැදුණු අයට යහපතක් වුණාද? දේවදත්තට පැහැදිලා අජාසත්ත රජතුමාට වුණු දේ දන්නවා නේද?

ශ්‍රාවකයන් තෝරා බේරා ගැනීමේ හැකියාව තිබිය යුතුයි...

බුදුරජාණන් වහන්සේගේ ශ්‍රාවකයන් තේරුම්

බේරුම් කරගැනීමේ හැකියාව අපට තියෙන්න ඕන. කවුද ධර්ම මාර්ගයේ යන්නේ? කවුද නොයන්නේ? කියලා. එතකොට තේරුම් ගන්න පුළුවන් වෙනවා, කවුද සත්‍ය? කවුද අසත්‍ය? යන වග. එහෙනම් මේ බව තේරුම් ගන්න ශ්‍රද්ධාවන්තයාට සතියත් සමඟම නුවණත් අවශ්‍ය වෙනවා.

බලෙන් ලබා දුන් අනුවණ අධර්මයක්...

දැන් පසුගිය දවසක මුස්ලිම් කෙනෙක් එක්ක යාළුවෙලා ඉන්න කෙනෙකුට මා කිව්වා, ගිහින් ඒ මුස්ලිම් කෙනාගෙන් අහන්න "කුරාණයේ තියෙනවා නේද නබි මොහොමඩ් රාත්‍රී කාලේදී ගබ්‍රියෙල් කියලා දේව දූතයෙක් හමුවුණු විස්තරයක්...? ඒ දේව දූතයා නබි මොහොමඩ්ට කියනවා 'කියවපං' කියලා. එයා කියනවා 'මං දන්නේ නැහැ කියවන්න. දෙවෙනි සැරෙත් තදින් කියනවා, 'කියවපං' කියලා. 'කියවන්න දන්නේ නැහැ' කියනවා. තුන්වෙනි වතාවටත් සැර දාලා කියනවා, 'කියවපිය' කියලා. නබි මොහොමඩ් අහනවා, 'මොකක්ද මං කියන්නේ? කොහොමද මං කියවන්නේ?' කියලා. ගබ්‍රියෙල් දන්නේ නැහැ මොහොමඩ්ට කියවන්න බැරි බව. දන්නවා නම් කියවන්න කියලා කියන්නේ නැහැ. ගබ්‍රියෙල්ව එවූ අල්ලා දන්නෙත් නැහැ මෙයාට කියවන්න බැරිබව. ඔය විදිහට නේද කුරාණය පටන් අරගෙන තියෙන්නේ? ඒ විදිහේ අනුවණ ආකාරයකට පටන් ගත් ධර්මයක් පිළිගන්නේ ඇයි?"

මනාකොට දේශිත ධර්මයක්...

බෞද්ධයන් වූ අපට ලැබිලා තියෙන්නේ බුදුරජාණන් වහන්සේ විසින් මනාකොට දේශනා කොට වදාළ ධර්මයක්. දුකත්, දුක හටගැනීමේ හේතුවත්, දුක නැති කිරීමත්, දුක

නැති කිරීමේ මාර්ගයත් සම්පූර්ණයෙන්ම අවබෝධ කළ නිකෙලෙස් උත්තමයෙක්. අපට ඒ අවබෝධ කරන ලද දේවල් කියලා දුන්නා. උන්වහන්සේ කිසිකෙනෙකුට කිව්වේ නැහැ 'අහපන් මේවා...' කියලා. ඒ ධර්මය අහන්න කියලා කිසිකෙනෙකුට තර්ජනය කළේ නැහැ. අවශ්‍ය නම් බුදුරජාණන් වහන්සේට රුස් මාලාවක් විහිදුවාගෙන බරණැස ඉසිපතනයට වඩින්න තිබුණා. අහසින් ඇවිත් පහත් වෙන්න පුළුවන්කම තිබුණා. නමුත් උන්වහන්සේ වැඩියේ සාමාන්‍ය විදිහටමයි. පස්වග මහණුන් විසින් 'ආයුෂ්මතුනි' කියලා සාමාන්‍ය විදිහට කතා කළා. බුදුරජාණන් වහන්සේ වදාළා, "භාග්‍යවතුන් වහන්සේට 'ආයුෂ්මතුනි' කියලා කතා කරන්න එපා. පින්වත් මහණෙනි, තථාගතයන් වහන්සේ දැන් අරහං, සම්මා සම්බුද්ධයි. මහණෙනි, සවන් යොමු කරන්න... අමෘතය හම්බ වුණා..."

මව්කුසේ සිට අවසන් හුස්ම පොද දක්වා සුරක්ෂිත කළ එකම ආගම...

මේ ධර්මය අහන්න උන්වහන්සේ කිසිම කෙනෙකුට කරදර කරලා නැහැ. උන්වහන්සේ ලෝකයේ කිසිකෙනෙකුට අල්පමාත්‍ර හිංසාවක් කරලා නැහැ. විනය නීතියක් තියෙනවා 'මව් කුසක කළලයක් ඝාතනය වෙන්න යම් භික්ෂුවකගෙන් අනුග්‍රහයක් ලැබුණොත් මහණකම ඒ වෙලාවේම නැතිවෙන බව. උපමාවකට දක්වලා තියෙනවා, තල් ගසක කරටියට හෙණ ගැහුවා වගේය කියලා. ඒ වගේ දෙයකට හවුල් වුණොත් කිසිම සීල, සමාධි, ප්‍රඥා දියුණුවක් ලබන්න බැහැ කියලා තියෙනවා. මිනිස් කළලයේ සිට මනුෂ්‍යයාගේ අවසන් හුස්ම පොද දක්වාම සුරක්ෂිත කරන ලද එකම ආගම බුද්ධාගමයි.

මිනිස් ඝාතන අනුමත කරන ආගමක්...?

තම තමන්ගේ ආගම් රැකගන්නට ගිහින් බුදු පිළිමත් කඩාගෙන සිදුවුණු දේවල් දකින්නට පුළුවන් වුණා නේද? ඒ උදවිය තැන්පත් කරගෙන තියෙන්නේ ධර්මයද? නෑ. විෂ බීජ ගොඩවල්. බෝම්බ හයිකරලා ගහන්න, රසායනික අවි වලින් පහර දෙන්න, රසායනික ද්‍රව්‍ය රටවල් පුරාම යවමින් මිනිසුන් ඝාතනය කරන්න... මොකටද මේ මනුෂ්‍ය සංහතියම විනාශ කරන්නේ? ආගම වෙනුවෙන්. මේ අදහස් ඒ අයට ලබාදෙන්නේ ඒ ආගම් තුළින්මයි. බලන්න, අන්ත තුළ තිබෙන ආගම්වලින් සිදුවෙන හානිය කෙතරම්ද? මේ විදිහේ ආගම් තුළ ගෑණු ළමයෙකුට නියපොත්තක් පාට කරන්න බැහැ. එහෙම කළොත් නියපොත්ත ගලවනවා. කකුල් දෙක පේනවා කියා කස පහර දුන්නා. ඉගැන්වීම තහනම් කළා. ආගම් විසින් කරන මේ දේවල්වලින් මනුෂ්‍යයෙක් දියුණුවක් කරා යන්නේ කොහොමද? දැන් අපේ රටෙත් පැතිරෙමින් යන්නේ ඒ ආගමයි. මේවා තිසරණය නැතිකම නිසාවෙන් සිදුවෙන දේවල්.

ලාමක ප්‍රශ්න නැති පිරිස...

තිසරණ සරණ ගිය කෙනා බුදුරජාණන් වහන්සේව සිහි කරනවා. උන්වහන්සේගේ ශ්‍රී සද්ධර්මය, ඒ ශ්‍රාවක පිරිස සිහිකරනවා. එහෙම කෙනාගෙන් තිසරණයට විරුද්ධ වචනයක්වත් කටින් පිටවෙන්නේ නැහැ. මෙන්න මේ තත්වය අප විසින් ඇති කරගත යුතුයි. එහෙම ඇතිවුණු කෙනාට ලාමක ප්‍රශ්න, ලාමක තර්ක හිතට ඇතිවෙන්නේ නැහැ.

අනුවණයෝ නොවී, මේ බුද්ධ ශාසනය

පවත්වන්නට අප දායක වෙමු...

එක්තරා මහත්මයෙක් මගෙන් ඇහුවා, 'මේ ප්‍රශ්නයට උත්තර දුන්නොත් විතරයි මං පැහැදෙන්නේ. පිස්සු බල්ලෙක් හපා කන්නට එළවාගෙන ආවොත් ඔබවහන්සේ මොකද කරන්නේ?' මා කිව්වා, 'ඒක ඒ වෙලාවට බලා ගන්න ඕනේ දෙයක්. මං ගහකට නගියි ද, දුවයි ද, ලණු කෑල්ලක් අරගෙන ඒ බල්ලව බැඳලා දමයි ද කියලා කියන්න බැහැ.' එහෙනම් මේ ප්‍රශ්න අහන්නේ බෞද්ධයන් විදිහට පෙනී සිටින වැඩකට නැති මිනිස්සුයි. ඒ වගේ උගත්තු කාර්යාලයට ගියත් එතැන මහා ගෝරනාඩු කරලා කතා කරන්නේ මේ වගේ දේවල්. ඊළඟට අරක්කු ටිකක් බිව්වාම පටන් ගන්නෙත් ඒ වගේ ලාමක තර්ක විතර්කයි. පින්වතුනි, මේ බුද්ධ ශාසනය තවත් අවුරුදු 2500 ක් පවත්වන්න අප පුළුවන් තරම් දායක වෙන්න ඕන.

සිදුව ඇති විපත වෙනස් කරමින් හරි දෙය කරමු...

දැන් අප කතා කරන්නේ පන්සලට ගිහින් හාමුදුරුවොත් එක්ක හවස් වෙනකම් කතා කරමින් ඉඳලා එන එකයි. තිසරණ සරණ පිළිබඳ අවබෝධයක් ලැබෙන දෙයක් කතා වෙන්නේ නැහැ. කියාදෙන්න උත්සාහයකුත් නැහැ. සිදුව තියෙන විපත එයයි. අප එය වෙනස් කළ යුතුයි. මේ අපේ වැඩසටහන්වලට අරමුණු කීපයක් තියෙනවා.

- බුද්ධ ශාසනය බොහෝ කලක් පවතින්නට උදව් කිරීම.
- ඉක්මනින්ම සංසාර දුක අවසන් කිරීම.

- ඊළඟ පරපුර සඳහා මේ ධර්මය දායාද කිරීම.

තිසරණයෙහි ආරක්ෂාව අපිත් ලබාගමු...

ඒ නිසා අප මේ ධර්මයේ සිත පිහිටුවා ගත යුතුයි. මේ ධර්මය අවබෝධ කළ යුතුයි. ඒ සඳහා තිසරණයේ සිත පිහිටුවා ගත යුතුයි. ඊළඟ ජීවිතයටත් මේ තිසරණය රැගෙන යා යුතුයි. අප ගෙවල් දොරවල් ඉඩකඩම්, දෙමාපිය, අඹුදරුවන් සියල්ල දාලා යනවා. නමුත් තිසරණයෙහි පිහිටියොත් එය දමා යන්නේ නැතිව අරගෙන යන්න පුළුවන්. ඒ හැකියාව තියෙන්නෙත්,

- ශ්‍රද්ධාව තුළයි.
- සිහිය තුළයි.
- නුවණ තුළයි.

එහෙම කෙනාට වරදින්නේ නැහැ. එයා තිසරණය තියෙන ලෝකයක උපදිනවා. ප්‍රේත ලෝකයේ, තිරිසන් ලෝකය, නිරය ආදී ලෝකවල උපදින්නේ නැහැ. තිසරණයෙහි පිහිටි කෙනා සතර අපායෙන් මිදෙනවා. එහෙනම් ජීවිතය ආරක්ෂිතයි. තිසරණයෙන් ආරක්ෂාව ලබාදෙනවා කියලා කියන්නේ ඒකටයි. එලෙස ආරක්ෂිත වුණු කෙනා ආපස්සට ගමන් කරන්නේ නැහැ. තව තවත් ධර්මය තුළම සැරිසරමින්, ඒ මාර්ගයේ ඉදිරියට යමින් ශ්‍රී සද්ධර්මය පරිපූර්ණ ලෙසින් අවබෝධ කරනවා. ඒ තත්වයට පත්වීමට, අවබෝධයෙන් යුතුව තිසරණයෙහි පිහිටීමට මෙය කියවූ සියලු දෙනාටම හැකියාව ලැබෙනු ඇතැයි බලාපොරොත්තු වෙනවා.

සාදු! සාදු!! සාදු!!!

නමෝ තස්ස භගවතෝ අරහතෝ සම්මාසම්බුද්ධස්ස
ඒ භාග්‍යවත් අරහත් සම්මා සම්බුදුරජාණන් වහන්සේට නමස්කාර වේවා!

03.
අලගද්දූපම සූත්‍රය
(මජ්ඣිම නිකාය 1 - ඕපම්ම වර්ගය)

ශ්‍රද්ධාවන්ත පින්වතුනි,

දැන් අප විසින් ඉගෙනගනු ලබන්නේ සැවැත් නුවර ජේතවනාරාමයේදී භාග්‍යවත් බුදුරජාණන් වහන්සේ විසින් දේශනා කොට වදාළ **අලගද්දූපම සූත්‍රයයි.**

'අලගද්ද' යනු සර්පයායි. සර්පයා උපමා කර ගනිමින් වදාළ මෙම දේශණය පැවැත්වීමට සිදුවූයේ, එක්තරා ස්වාමීන් වහන්සේ නමකගේ මිථ්‍යා දෘෂ්ටික ක්‍රියාකලාපයක් නිසයි.

එපා කියූ දේ අනතුරක්...

බුදුරජාණන් වහන්සේ විසින් පැවිද්දන් විසින් නොකළ යුතු දේ පෙන්වා දී තිබෙනවා. කාම සේවනයේ යෙදෙන්නට එපා, සොරකමෙහි යෙදෙන්නට එපා, මනුෂ්‍ය ඝාතනවලට සම්බන්ධ වෙන්නට එපා... යනාදී වශයෙන්

ඔවුන් සේවනය නොකළ යුතු දේ උන්වහන්සේ විසින් පැහැදිලිව පෙන්වා දී තිබෙනවා. බුදුරජාණන් වහන්සේ ඒ ආකාරයට පෙන්වා දුන්නේ ඒවායේ අනතුරුදායක බව බුදු නුවණින් දුටු නිසයි. ඒවා විමුක්තියටත්, පරලොව ජීවිතයටත් එක සේ අනතුරුදායකයි.

අනතුර නොදුටු හිමි නමක්...

බුදුරජාණන් වහන්සේ විසින් ඒ ආකාරයට පෙන්වා දී තිබෙද්දී, 'අරිට්ඨ' නම් වූ ස්වාමීන් වහන්සේ ඊට වෙනස් අදහසක් පතුරවමින් සිටියා.

"බුදුරජාණන් වහන්සේ විසින් මේ මේ ධර්මයන් අනතුරුදායක බව පෙන්වාදී තිබුණත්, ඒවා සේවනය කිරීමෙන් අනර්ථයක් සිදුවන්නේ නැහැ. මේ විදිහට මම භාග්‍යවතුන් වහන්සේ වදාළ ධර්මය දන්නවා."

මේ ආකාරයට බුදුරජාණන් වහන්සේ විසින් අනතුරුදායක බව පෙන්වාදී තිබෙන දේ කිරීමෙන් කිසි වරදක් සිදු නොවන බවත්, උන්වහන්සේගේ ධර්මය තමන් දන්නා බවත් කියාගෙන යන මේ ස්වාමීන් වහන්සේගේ කතාව අනෙක් ස්වාමීන් වහන්සේලාට ආරංචි වුණා. ඒ කාලයේ වැඩසිටියේ සිත දියුණු කරන ලද, සිත දියුණු කිරීමට උත්සාහ ගන්නා පිරිසක්. ඒ ස්වාමීන් වහන්සේලා මේ ගැන දැනගත් වහාම අරිට්ඨ හාමුදුරුවන්ව හමුවීම පිණිස ගියා.

බේරා ගන්නට තැනක්...

"ආයුෂ්මතුන් වහන්ස, බුදුරජාණන් වහන්සේ විසින් අනතුරුදායක ලෙස පෙන්වා වදාළ දේවල් සේවනය කිරීම අනතුරුදායක නැති බව පවසන්නේ ඇයි...? ඒක මිථ්‍යා

දෘෂ්ටියක්. ඇයි එහෙම වැරදි අදහසක් පතුරවන්නේ?"

"ඔව්, මා බුදුරජාණන් වහන්සේගේ ධර්මය දන්නවා. උන්වහන්සේ අනතුරුදායක ලෙස දක්වල තියෙන දේවල් කළාට ස්වර්ග මෝක්ෂ දෙකට අන්තරාවක් වෙන්නේ නෑ."

"ආයුෂ්මතුන් වහන්ස, ඔහොම කියන්න එපා...! භාග්‍යවතුන් වහන්සේ යමක් හොඳ නැහැ කියලා කිව්ව නම් ඒක හොඳ වෙන්නේ කොහොමද? උන්වහන්සේට අපහාස කරන්න එපා. උන්වහන්සේ කවදාවත් නරක දේ හොඳයි කියලා නැහැ. සිත දියුණු කිරීමට බාධක වෙන, ස්වර්ගගාමීත්වයට බාධක වෙන යමක් උන්වහන්සේ පෙන්වලා දීලා තියෙනවා නම් ඒවා නරකම තමයි."

චූටි සතුටකට රැවටෙමින් මහා ගින්නක දැවෙමින්...

බුදුරජාණන් වහන්සේ කාමයන් ගැන පහදා දුන් සේක. රූප, ශබ්ද, ගඳසුවඳ, රස, පහස යන දේවල් නිසා සිතේ ඇතිවන සංකල්පීයමය බැඳීයාම කාමයන් වේ. කාමයන් යනු පුංචි ආශ්වාදයක් ගෙන දෙන, බොහෝ දුක් ඇති, දැඩි වෙහෙසට පත් කරවන්නකි. ඒවායේ ආදීනව බොහෝයි. පෙනෙනා ආකාරයේ සතුටක් කාමයන් තුළ නැත්තේමය. මුලා වීමෙන් එලෙස සතුටක් ලෙස දුටුවද, ඉන් ලැබෙන්නේ අති මහත් වූ දුකක්මය.

ඇටසැකිල්ලක් වගේ...

මිය ගිය සතෙකුගේ ඇටසැකිල්ලක් අසලට බඩගිනි වූ බල්ලෙකු පැමිණෙනවා. ඇවිත් ඒ ඇටසැකිල්ල හපනවා, ලෙවකනවා. කොයිතරම් ලෙවකෑවත් ඉන් උගේ බඩ පිරෙන්නේ නැහැ. කාමයන් පසුපස යාමත් ඒ වගේ අර්ථ

ශූන්‍ය ක්‍රියාවක් බව බුදුරජාණන් වහන්සේ පෙන්වා දුන් සේක.

මස් වැදූල්ලක් වගේ...

මස් කැබැල්ලක් තිබෙනවා. උකුස්සෙක් ඒ මස් කැබැල්ල ආහාර පිණිස ඩැහැගෙන යනවා. මේ බව දුටු අනෙක් උකුස්සන්ද, ඒ මස් කැබැල්ල උදුරාගන්නට පසුපස හඹා ගොස් ඒ උකුස්සාට කොටනවා. දැන්, බේරෙන්නට නම් ඒ උකුස්සා කළ යුත්තේ කුමක්ද? ඌ මස් කැබැල්ල අත්හළ යුතුයි.

ඒ ආකාරයටම කාමයන්ට ගිජු වී, කාමයන් තුළ සිටිනා තෙක්ම දුක පසුපසින් හඹා එනවා. දුකෙන් මිදෙන්නට නම් කාමයන් අත්හළ යුතු වෙනවා.

ගිනි අඟුරු ගොඩක් වගේ...

බුදුරජාණන් වහන්සේ විසින් කාමයන් ගිනි අඟුරු ගොඩක් වශයෙන් පෙන්වාදී තිබෙනවා. ගිනි අඟුරු ගොඩක් උඩට ගිය කෙනෙකු පිළිස්සීමෙන් වද වේදනා වලට පත්වෙනවා. ඒ අයුරින්ම කාමයන් ද සිත දවන්නක් මිසක සිත නිවන්නක් නොවෙයි. සිත සැනසීමකට පත්වීමට නම් කාමයන් අත්හළ යුතු වෙනවා.

හීනයක් වගේ...

දැන් අප විසින් ලස්සන දිය ඇලි, ඇල දොළ, ගංගාවල්, සතුටින් කාබී නටමින් සිටීම්, නිදහසේ පාවෙලා යන අයුරු සිහිනෙන් දකිනවා. ඇහැරුණු ගමන්ම ඒ කිසිවක් නැහැ. අපේ ජීවිත ගෙවී යන්නෙත් ඒ ආකාරයටයි. කාමයන් තුළ සිරවී ගතකරනු ලබන අපටත් අවසානයේ

ලැබෙන කිසිවක් නැහැ. සිහිනයක් දැකීමෙන් ලැබෙන කිසිවක් නැහැ. ඉතිරි වන්නේ කිසිදු වැදගැම්මකට නැති ප්‍රායෝගික නොවන මතකයක් පමණයි. කාමයන්ට ලොල් වූ ජීවිත තුළත් තිබෙන්නේ අර්ථයක් නැති මතකයක් පමණයි.

හුළු අත්තක් වගේ...

ගම්වල මිනිසුන් රෑට ගමන් බිමන් යද්දී වේලුණු පොල් අතු අගිස්සක්, පොල් කොළපුවක් එකට ගැට ගසාගෙන පන්දමක් වගේ පත්තු කරගෙන ආලෝකය ලබා ගන්නවා. ඉතින් මේ පත්තු වෙන හුළු අත්ත තමන්ගේ ඉස්සරහින් තිරස් අතට අල්ලාගෙන ගියොත් මොකද වෙන්නේ...? හුළඟ තමන්ගේ දිශාවට එද්දී ගිනි දළු ඇවිත් අත පිච්චෙනවා. මුහුණටත් ගින්දර කැබලි විසි වෙනවා. මේ අනතුරෙන් ගැලවීමට නම් එයා හුළු අත්ත අත්හැරිය යුතුයි. අන්න ඒ අකාරයටම කාමයන්ගෙන් සිදුවෙන්නෙත් අප දැවී විනාශ වී යාමක්. ඉන් මිදීමට නම් කාමයන් අත්හළ යුතු වෙනවා.

ගහක තිබෙන ගෙඩියක් වගේ...

ගහක පළතුරු ගෙඩි තිබෙනවා නම් එය කඩාගෙන කන්නට අප කැමතියි. ඒ නිසා ගසකට නැග අත්තක වාඩි වී ඒ ගෙඩි අනුභව කරන්නට පටන් ගනිද්දී, තවත් මනුස්සයකු එතැනට පැමිණෙනවා. ඔහුටත් පළතුරු කන්නට ආසා හිතෙනවා. නමුත් ඔහුට ගස් නගින්නට බැහැ. ඒ නිසා ඔහු පොරොවක් ගෙනැවිත් ගස කපනවා. දැන් ගස උඩ ගෙඩි කමින් සිටිනා තැනැත්තා කුමක්ද කළ යුත්තේ..? එයා පළතුරු කෑම නවත්වා ඉක්මනින් බිමට පැනිය යුතු වෙනවා. තවදුරටත් ගස උඩ සිට ගෙඩි

අනුභව කළොත් එයා බිමට ඇදගෙන වැටෙනවා. කාමයන් අල්ලාගෙන සිටීම ද ඒ වගෙයි. ගෙඩිය අත්හැර බිමට බැසිය යුතු සේම කාමයන් අත්හළොත් ජීවිතය ආරක්ෂාව කරා යනවා.

මේ ආකාරයට බුදුරජාණන් වහන්සේ විසින් කාමයන්ගේ නිසරු බව පෙන්වා දීමට බොහෝ උපමා දක්වා තිබෙනවා. ණයට ඉල්ලා ගත් රෙද්දකට, සර්ප හිසකට, කඩුවකට හා මස් කපන කොටයකට ආදී වශයෙන් උපමා පෙන්වා දී තිබෙන්නේ, කාමයන් යනු බොහෝ දුක් පීඩා ගෙන දෙන, බොහෝ සෙයින් ආදීනව ගෙන දෙන, ජීවිතය සත්‍යයක් කරා ගෙන නොයන්නා වූ දෙයක් බව තේරුම් ගැනීම පිණිසයි.

ඒ අයුරින් බුදුරජාණන් වහන්සේ පහදා දී තිබෙන කරුණු සියල්ලක්ම අනෙකුත් ස්වාමීන් වහන්සේලා විසින් අරිට්ඨ හිමියන්ට පහදා දුන්නා. බුදුරජාණන් වහන්සේ අනු දූන නොවදාළ දේ කිරීමෙන් අනර්ථයක්ම සිදුවෙන බව පිළිගන්නා ලෙසත්, ශ්‍රද්ධාවෙන් එලෙස සිත පිහිටුවා ගන්නා ලෙසත් ඉල්ලා සිටිද්දී, අරිට්ඨ ස්වාමීන් වහන්සේ හිතුවක්කාර ලෙසින් තම මතයේම දැඩිව එල්බගෙන සිටියා.

වැරදි දෘෂ්ටිය බුදුරජාණන් වහන්සේ වෙතට...

අරිට්ඨ ස්වාමීන් වහන්සේ විසින් තමන්ගේ වැරදි දෘෂ්ටිය නිවැරදි කර ගැනීමට අසමත් වූ නිසා අනෙකුත් ස්වාමීන් වහන්සේලා මෙම ප්‍රශ්නය බුදුරජාණන් වහන්සේ වෙතට ඉදිරිපත් කළහ. එසේ ඉදිරිපත් කළේ අරිට්ඨ හිමියන් නිවැරදි කරගැනීම පිණිස උන්වහන්සේ කෙරෙහි උපන් කරුණාවෙන්මයි. මෙම විස්තර ඇසූ බුදුරජාණන්

වහන්සේ, අරිට්ඨ හිමියන් කැඳවා ගෙන එන්නැයි වදාළ සේක.

නවමත් වැරදි මතයේ...

අරිට්ඨ හිමියෝ බුදුරජාණන් වහන්සේ වෙතට පැමිණියහ. බුදුරජාණන් වහන්සේ අරිට්ඨ හිමියන් ගෙන් මෙසේ විමසුවා.

"අරිට්ඨ, මා විසින් අන්තරාදායක යැයි පෙන්වා දී තිබෙන යම් ධර්මයක් සේවනය කිරීමෙන් අනතුරක් නොවන බවත්, ඒ ආකාරයට මාගේ ධර්මය ඔබ හොඳින් දන්නා බවටත් පතුරුවා ගෙන යන කතාව සත්‍යයක්ද?"

"එහෙමයි බුදුරජාණන් වහන්ස, ඔබවහන්සේ අනතුරුදායක ලෙසින් පෙන්වා දී තිබෙන යම් ධර්මයක් සේවනය කිරීමෙන් අනතුරු ඇති නොවන බවත්, ඔබ වහන්සේ විසින් වදාළ ධර්මයත් මා ඒ ආකාරයටම දන්නවා."

ධර්මය තේරෙන්නේ නැත්නම්, තමන්ගේ මත කියා පව් පුරවා ගන්න එපා...!

අරිට්ඨ ස්වාමීන් වහන්සේ විසින් තමන්ගේ මතය ඒ ආකාරයටම ප්‍රකාශ කරද්දී බුදුරජාණන් වහන්සේ මෙසේ වදාළ සේක.

"මෝඩ මනුස්සයෝ, මා විසින් කාටද ඒ විදිහේ ධර්මයක් දේශනා කරලා තියෙන්නේ? මා විසින් අන්තරාදායක ලෙසින් පෙන්වා තිබෙන දේවල් සේවනය කිරීම අන්තරාදායක නොවන්නේද? මා විසින් පෙන්වා දී තිබෙන්නේ, කාමයන් සේවනය කිරීම පුංචි ආශ්වාදයක් ගෙන දෙමින් බොහෝ දුක් පීඩා ලබාදෙන ඉතා

වෙහෙසකර දෙයක් ලෙසින් නොවේද? රූප, ශබ්ද, ගඳ, සුවඳ, රස, පහස, සේවනය කිරීමෙන් ලැබෙන ආදීනවයන් මා පෙන්වා දී නැද්ද? ඒ බව තේරුම් ගැනීමට මා පෙන්වා දුන් උපමාවන් ඔබට අමතකද? මෝඩ මනුස්සයෝ, වැරදි ආකාරයට ඔබ ගත්තු දෘෂ්ටියෙන් මට අපහාස කරන්න එපා. ශ්‍රී සද්ධර්මය වැරදි ආකාරයට, තමන්ට තේරෙන විදිහට කියමින් අපට අපහාස කරන්ට එපා. ඉන් තමන්ගේ ගුණ නසාගෙන ඔබ බොහෝ අකුසල් රැස් කරගන්නවා. හිස් මනුස්සයෝ, මෙයින් රැස් කරගන්නා අකුසල් බොහෝ කාලයක් අහිත පිණිස පවතිනවා. බොහෝ දුක් පීඩාවන් පිණිස පවතිනවා."

බුද්ධ ශාසනයේ උණුසුමවත් ලැබිල නැහැ...

අරිට්ඨ ස්වාමීන් වහන්සේට ඒ ආකාරයට කතා කළ බුදුරජාණන් වහන්සේ, ස්වාමීන් වහන්සේලාගෙන් මෙලෙස විමසුවා.

"මහණෙනි, මේ අරිට්ඨ භික්ෂුවට බුද්ධ ශාසනයේ උණුසුමවත් ලැබිලද ...?"

"නැහැ, භාග්‍යවතුන් වහන්ස, කිසිසේත්ම ලැබිල නැහැ."

මේ අයට ඕනෙ ප්‍රසිද්ධ වීම මිසක් ධර්මය තේරුම් ගැනීම නෙවෙයි...

මේ වෙලාවේදී අරිට්ඨ ස්වාමීන් වහන්සේ නිශ්ශබ්දව ඔළුව පහතට නවාගෙන වැටහීම් රහිතව සිටියා. කල්පනා කරමින්, අන්දමන්ද වී සිටින අරිට්ඨ ස්වාමීන් වහන්සේ ගැන බුදුරජාණන් වහන්සේ මෙලෙස වදාළා.

"මේ මෝඩ මනුස්සයා මේ වගේ අදහසක් පතුරුවා හැරියේ තමන්ටත් ප්‍රසිද්ධ වෙන්න ඕනෙ නිසයි."

ඉන් පසුව බුදුරජාණන් වහන්සේ ස්වාමීන් වහන්සේලාගෙන් මෙලෙස විචාරණ සේක.

"මහණෙනි, මේ අරිට්ඨ කියනා ආකාරයේ දෙයක් මා විසින් ප්‍රකාශ කොට තිබෙනවාද?"

"නැහැ, භාග්‍යවතුන් වහන්ස."

"මහණෙනි, යමෙක් කාමක්ලේශයන්ගෙන් තොරව, කාම සංඥාවන්ගෙන් තොරව, කාම විතර්කයන්ගෙන් තොරව, කාමයන් සේවනය කළ හැකි යයි කියන්නේ නම් එය විය නොහැක්කක්. සමහර මෝඩ අය මාගේ ධර්මය ඉගෙන ගන්නවා. නමුත් ඒ ඉගෙන ගත් දේ නුවණින් සලකන්නේ නැහැ. එවිට ඒවා වැටහෙන්නේ නැහැ. ඒ අයට ධර්මය තේරුම් ගත නොහැකි වීම නිසා, ඉගෙන ගත් දේ තමන්ට තේරෙන පිළිවෙලට කියන්නට පටන් ගන්නවා. එවිට ඇති වන්නේ වාද ගොඩක් පමණයි. නුවණින් කල්පනා කිරීමට ශක්තියක් නොමැති පිරිස් ධර්මය ඉගෙන ගන්නේ වාද කිරීම සඳහාමයි. වාද කිරීමෙන් ජය ගත හැකි යයි සිතමින් ප්‍රසිද්ධ වීම සඳහා වෙහෙසෙනවා මිසක ධර්මය තේරුම් ගැනීමට හැකියාවක් ඒ අයට නැහැ. ඔවුන්ට එය අහිත පිණිසත්, බොහෝ දුක් පිණිසත් පවතිනවා. ධර්මය වරදවා ගැනීමෙන් තමන්ටත් අනුන්ටත් බොහෝ සෙයින් විපතක් ගෙන දෙනවා."

සර්පයාගේ නැට්ටෙන් ඇල්ලුවා වගේ...

ඒ ආකාරයට ධර්මය ඉගෙනීම සර්පයෙකුගේ අගකොටසින් ඇල්ලීම වැනි බව බුදුරජාණන් වහන්සේ

පෙන්වා දුන් සේක. කෙනෙකුට සර්පයෙක් අල්ලා ගැනීමට අවශ්‍ය වෙනවා. සර්පයන් නිවැරදි ආකාරයට අල්ලන්නට නොදත් කෙනා සර්පයෙක් දුටු විට උගේ අගින් හෝ කඳින් අල්ලනවා. එවිට ආපසු හැරී සර්පයා විසින් ඔහුට දෂ්ට කරනු ලබනවා. අන්න ඒ වගේ මේ පවතින දුකෙන් නිදහස්වීම පිණිස, චතුරාර්ය සත්‍යය අවබෝධය පිණිස ධර්මය හදාරන්නේ නැති කෙනාට ඒ ධර්මය අවබෝධ කළ නොහැකියි. එපමණක් නොව ධර්මය වැරදි ලෙස ගැනීමෙන් ඔහු විසින් පව් පුරවා ගනිමින් මහත් වූ දුකකට වැටෙනවා.

නුවණින් විමසුවොත් ධර්මය වැටහෙනවා...

නමුත් බුද්ධිමත් පිරිස ධර්මය ඉගෙන ගත් පසු, තමන් ඉගෙන ගත් ඒ දහමෙහි අරුත නුවණින් විමසනවා. ඒ ආකාරයට නුවණින් විමසද්දී ටිකෙන් ටික ඒ ධර්මය වැටහෙන්නට පටන් ගන්නවා. ඒ ආකාරයට වැටහෙන්නට පටන් ගත් අයකු ධර්මය හදාරන්නේ වාද විවාද කිරීමට නොවේ. තමන් උසස් කොට සලකමින් අනෙක් උදවිය හෙළා දකින්නට ද නොවේ. ඒ ධර්මය ඉගෙන ගනු ලබන්නේ ජීවිතය අවබෝධ කර ගනිමින් සංසාර දුකෙන් අත්මිදීම පිණිසයි. ජීවිත අවබෝධය පිණිස ධර්මය හදාරන්නට එය බොහෝ කාලයක් හිත සුව පිණිස පවතින බව බුදුරජාණන් වහන්සේ විසින් පෙන්වා දී තිබෙනවා.

සර්පයෙකු බෙල්ලෙන් ඇල්ලුවා වගේ...

සර්පයෙකු අල්ලා ගැනීමට යන, ඒ ගැන දන්නා කෙනෙකු සර්පයා අල්ලා ගන්නේ කෙසේද? දෙපසට විහිදී ගිය අතු දෙකක් නිසා කරුවක් සැදුණු ශක්තිමත් කෝටුවක් ඔහු ප්‍රයෝජනයට ගන්නවා. සර්පයා දුටු විට, උගේ ගෙලට

ලී කරුව තබා තද කොට, ගෙල මුලින්ම අල්ලා ගන්නවා. එවිට සර්පයාට දෂ්ඨ කළ නොහැකියි. සමහර විට ඌ අත වටේට එතෙන්නට පුළුවනි. නමුත් ගෙල තදින් අල්ලාගෙන සිටින්නාට, දෂ්ඨ කිරීමෙන් හානියක් කිරීමට සර්පයාට කිසිසේත්ම නොහැකියි. එනිසා ඔහු මරණයට හෝ දුකකට පත් නොවේ. චතුරාර්ය සත්‍යය අවබෝධය පිණිස ධර්මය අල්ලන තැනැත්තාට ද ඉන් කිසිදු අහිත පිණිස පැවතීමක් සිදු නොවේ. එය ජීවිතාබෝධය පිණිසම පවතී. මන්ද යත්, ඔහු ධර්මය මැනැවින් උගත් බැවිනි.

අර්ථය දැනගෙන දරාගන්න. බැරි නම්, අසා දැනගන්න....

බුදුරජාණන් වහන්සේ විසින් තමන් වහන්සේගේ ධර්මය හැදෑරිය යුතු අයුරු මෙසේ පෙන්වා දෙන සේක.

ඔබ මා විසින් දේශනා කරන ලද ධර්මයෙහි අර්ථය දන්නවා නම් එය හොඳින් ධාරණය කර ගන්න. මා දේශනා කරන ලද ධර්මයේ අර්ථය වැටහෙන්නේ නැති නම් මගෙන් හෝ වියත් හිමි නමකගෙන් (චතුරාර්ය සත්‍ය අවබෝධය පිණිස ධර්මය පහදා දෙනු ලබන) ඒ ගැන අසා දැනගන්න. ඉන් පසුව එය සිතේ දරාගන්න...

"භාග්‍යවතුන් වහන්ස, එය එසේමයි" කියා භික්ෂූන් වහන්සේලා පිළිතුරු දුන්හ.

ධර්මය පහුරකි, එතෙර වීමට මිස කර තබා ගන්නට නොවේ...

ඔරුවක් හෝ බෝට්ටුවක් හෝ පහුරක් හෝ තිබේ නම් ඒවායින් අප කරන්නේ කුමක්ද? අපි ඒවා උපයෝගී කොට ගෙන ජලාශයකින් එතෙර වන්නෙමු. අප ඒවා

කර තබා ගතහොත් එතෙර වීමට නොහැකියි. ඔරුවක් හෝ බෝට්ටුවක් හෝ යොදාගන්නේ එතෙර වීම සඳහා මිසක කර තබා ගැනීමට නොවේ. බුදුරජාණන් වහන්සේ විසින් උන්වහන්සේගේ ධර්මය පහුරකට උපමා කළේ ඒ ධර්මයේ උපකාරයෙන් සසරින් එතෙර වීම පිණිස යි. එසේ නොමැතිව වාද විවාද කිරීමට හෝ ධර්මයේ නාමයෙන් නොයෙක් දෘෂ්ටීන් කර පින්නා ගැනීමට හෝ නොවේ.

කෙනෙකුට ගඟකින් එතෙර වන්නට අවශ්‍ය වෙනවා. මෙතෙර බොහෝම සැක බිය සහිත බවත්, එතෙර වුවහොත් සැක බිය රහිතව සිටිය හැකි බවත් ඔහු දකිනවා. වටපිට බැලුව ද එතෙර වීමට බෝට්ටුවක් හෝ නැවක් හෝ නැහැ. ගඟ අයිනේ ඇති තණ, ලී දඬු, අතු කොළ කඩා ඔහු පහුරක් සාදා ගන්නවා. පහුර සාදා ගත්තත් පැදගෙන යාමට හබලක් නැහැ. නමුත් ඔහු පසු බහින්නේ නෑ. පහුර ජලාශයට දමා අත් පා දෙක යොදා ගනිමින් බොහෝ වීර්යයෙන් යුතුව දැඩි ලෙස උත්සාහ ගනිමින් මහන්සියෙන් එතෙර වෙනවා.

එලෙස එතෙර වීමෙන් පසු, "මට මේ ජලාශයෙන් එතෙර වීමට මේ පහුර බොහෝ උපකාරී වුණා, යයි කියා එය අත් නොහැර, එම පහුර කර ගසාගෙන එතෙර ඇවිදීම කළ යුතුද? නැහැ. එතෙර වීමටයි පහුර උපකාරී වූයේ. එතෙර වූ පසු පහුර කර තබාගෙන යාම මෝඩකමකි. අවශ්‍ය වෙනත් කෙනෙකුට එතෙර වීම සඳහා එම පහුර ඔහු විසින් අත්හැර දැමිය යුතු වේ.

"මහණෙනි, යමෙකු එතෙර වීමෙන් පසු ඒ පහුර ද කර තබාගෙන යන්නේ නම් ඔහු විසින් පහුරෙන් කළ යුතු දෙය කරන්නේද..?"

"භාග්‍යවතුන් වහන්ස, එසේ නොවේ ම ය."

"මහණෙනි, එතෙර වූ පසු පහුර ගැන කෙසේද ක්‍රියා කළ යුත්තේ...?"

"මට මේ පහුර බොහෝ උපකාරී වුණා. පහුර තිබුණු නිසා අතින්ද, පයින්ද වෑයම් කරමින් පරතෙරට පැමිණෙන්නට පුළුවන් වුණා. සුවසේ එතෙර වූ මම දැන් මේ පහුර ගොඩට පමුණුවා හෝ ජලයෙහි පා කර යවා නිදහසේ කැමති මගකින් ඇවිද යා යුතු වෙනවා. පහුර ගැන ඔහු විසින් ක්‍රියා කළ යුත්තේ ඒ විදිහටයි."

එතෙර වූ පසු ධර්මයන්ද කරපින්නා ගැනීම අනවශ්‍යයි...

"මහණෙනි, එපරිද්දෙන්ම පහුර උපමා කර මා විසින් දේශනා කළ ධර්මය ජීවිතාවබෝධය පිණිසමයි. අවබෝධයෙන් පසු අධර්මයන් වගේම, මා විසින් දේශනා කරන ලද සමථ විදර්ශනාද අත්හළ යුතුයි."

ධර්මය නැතිව එතෙර වීමද කළ නොහැකියි...

අප විසින් සමථයත්, විදර්ශනාවත් වැඩිය යුතුයි. මේවා අපට අවශ්‍යයි. හරියට එතෙර වීම පිණිස බෝට්ටුවක් අවශ්‍ය වෙනවා වගෙයි. බෝට්ටුව අත්හැරියොත් එතෙර වීමට නොහැකිවනවා මෙන්ම සමථ විදර්ශනා අත්හැරියොත් නිදහස් වීමක් ලැබෙන්නේද නැහැ. එතෙර වෙන තෙක් අප බෝට්ටුවේ නැග සිටිය යුතුයි නේද...? නමුත් දිගටම පහුරේ සිටියොත් එතෙර වීමක් වෙයිද? අප බෝට්ටුවකින් එතෙර ඉවුරට ගොස් බෝට්ටුව තුළම සිටී නම් එතෙර වෙන්නට හැකි වේවිද? එතෙර වෙන්නට නම් බෝට්ටුව අත්හැර එගොඩට පය තැබිය යුතුයි. එතෙර විය යුත්තේ පහුරද අත්හරිමින්මයි.

හැමදේකටම ඇති ඇල්ම අත්හළ යුතුයි...

ඒ ආකාරයට අප සෑමදෙයක් පිළිබඳවම ඇති ඇල්ම අත්හළ යුතුයි. අප කාමයන් පිළිබඳ ඇල්ම අත්හැරියොත් සමාධියකට ඇල්මක් ඇති කරගන්නවා. සමාධියට ඇල්ම අත්හැරියොත් විදර්ශනාවකට ඇල්මක් ඇති කරගන්නවා. අප එක් දෙයක් අත්හරින්නේ තවත් දේකට ඇල්ම ඇතිකරගෙනයි. ඒ වගේ යම් දෙයක් කෙරෙහි ඇල්මක් ඇතිවුණොත් නිදහස්වීමක් නැහැ. එසේ නම් නිදහස්වීම පිණිස ධර්මයන් ද අත්හළ යුතුනම්, අධර්මයන් අත්හැරීම පිළිබඳව කවර කතාද? මුලින්ම අත්හළ යුත්තේ අධර්මයන්ය.

සීලයම දැඩිව අල්ලා ගෙන හිටියොත් අමාරුවේ...

සීල, සමාධි, ප්‍රඥා වශයෙන් වඩන මේ ධර්ම මාර්ගයේ ගමන් කිරීමට නම් අත්හැරීම පුරුදු කළ යුතු ම යි. සෝතාපන්න භාවයට පත් වූ තැනැත්තාට **සීලබ්බත-පරාමාස** ඇත්තේ නැහැ. සීලයේ අර්ථය තේරුම් නොගත හොත් ඉන් ඉදිරියට යාමට හැකිවන්නේ නැහැ. එසේ නම්, අප විසින් සීලයේ ප්‍රමාණය හඳුනාගෙන, සමාධියක් ඇති කොට ගත යුතුයි. සමාධිය තුළ ඇලී නොසිට එහි ද ප්‍රමාණය හඳුනාගනිමින් විදර්ශනාව ඇති කර ගතහොත් සිත දියුණුව කරා ගෙන යාමට හැකියාව ලැබෙනවා.

බුදුරජාණන් වහන්සේගේ ධර්මය තුළින් සිත දියුණුවට පත් කරන හැටි...

කාමයන් පිළිගැනීමෙන් මහත් වූ දුකකට පත්වෙන බවත්, එහෙයින් කාමයන් අත්හළ යුතු බවත්, සියල්ලම

අත්හරිමින්, පහුරක් ආකාරයෙන් ජීවිතාවබෝධය පිණිස ධර්මය උපයෝගී කොට ගත යුතු ආකාරයත් පැහැදිලි කර දුන් බුදුරජාණන් වහන්සේ, ඉන්පසු පියවරෙන් පියවරට ප්‍රායෝගිකව ධර්ම මාර්ගයේ ගමන් ගන්නා අයුරුත්, නිවැරදිව චින්තනය හැසිරවිය යුතු ආකාරයත් පැහැදිලි ලෙසින්, පිරිසිදු ලෙසින් පෙන්වා වදාළ සේක.

අශ්‍රැතවත් පෘථග්ජනයා....

"පින්වත් මහණෙනි, මේ ලෝකයේ ධර්මය අසා නැති, බුදුරජාණන් වහන්සේලා ලෝකය දකින ආකාරය ගැන තේරුමක් නැති, උන්වහන්සේලාගේ ධර්මය ලැබුණත් තේරුම් නොගන්නා, උන්වහන්සේලාගේ ධර්මය තේරුම් ගත්ත ද ඒ තුළ හික්මෙන්නේ නැති, රහතන් වහන්සේලා ආදී සත්පුරුෂයන්ව නොදකින, ඒ සත්පුරුෂ ධර්මයෙහි අදක්ෂ වූ, ඒ සත්පුරුෂ ධර්මය තුළ නොහික්මෙන කෙනා අශ්‍රැතවත් පෘථග්ජනයෙකි."

බුදුරජාණන් වහන්සේ විසින් මේ පහදා දුන්නේ අශ්‍රැතවත් පෘථග්ජනයාගේ ලක්ෂණයි.

අශ්‍රැතවත් යනු ධර්මය අසා නැතිවීමයි. පෘථග්ජන යන්නෙහි අර්ථය නම්, ඕනෑම අවස්ථාවක තමන්ගේ මව, පියා මරා දැමිය හැකි, රහතන් වහන්සේලාගේ ලේ සෙලවිය හැකි, සංඝ භේදය කළ හැකි, ඕනෑම මොහොතක තම ආගම වෙනස් කළ හැකි කෙනායි. (එසේ නම් මේ ක්‍රියාවන්හි නිරත නොවන කිසිවෙකුට පෘථග්ජන යන වචනය භාවිතා කළ නොහැකියි. ඔවුනට පෘථග්ජන යන වචනය භාවිතා කරමින් තමන්ගේ වැරදි ක්‍රියාවන් සාධාරණය කරගැනීමට හැකි වන්නේ නැත.) අශ්‍රැතවත් පෘථග්ජනයාගේ ලක්ෂණ මේ අයුරුයි.

1. **අරියානං අදස්සාවි**

මේ පුද්ගලයාට ආර්ය දර්ශනය නැහැ. බුදු, පසේ බුදු, මහරහතන් වහන්සේලා ලෝකය දෙස බලන ආකාරය ඔහු නොදනී.

2. **අරියධම්මස්ස අකෝවිදෝ**

නිවන කරා යන ආර්ය ධර්මය එයාට තේරෙන්නේ නැහැ. ඔහු නිවන කරා යන ධර්මයට අදක්ෂයි.

3. **අරියධම්මේ අවිනීතෝ**

නිවන කරා ගෙන යන ආර්ය ධර්මයට අනුව නොහික්මෙන තැනැත්තායි.

4. **සප්පුරිසානං අදස්සාවි**

නිවන කරා යන ධර්මය කියා දෙන සත්පුරුෂයන් වහන්සේලා මුණ නොගැසුණු පුද්ගලයායි.

5. **සප්පුරිසධම්මස්ස අකෝවිදෝ**

නිවන කරා යන සත්පුරුෂයන් වහන්සේලාගේ ධර්මය එයාට තේරෙන්නේ නැහැ. ඔහු සත්පුරුෂ ධර්මයට අදක්ෂයි.

6. **සප්පුරිසධම්මස්ස අවිනීතෝ**

සත්පුරුෂයින් වහන්සේලාගේ ධර්මයට අනුව නොහික්මෙන පුද්ගලයායි.

උපාදානස්කන්ධ පහ තුළ මුළා වෙයි...

ඉහත ලක්ෂණ තිබෙන අශ්‍රැතවත් පෘථග්ජනයා විසින් වැරදි ආකාරයට දකිමින් මුළාවට පත්වෙන දේ ගැන බුදුරජාණන් වහන්සේ පැහැදිලි කොට දෙන සේක.

1. රූපයෙහි මුළා වෙයි...

රූප යනු පඨවි, ආපෝ, තේජෝ, වායෝ යන සතර මහා ධාතූන්ගෙන් සෑදි දේවල්ය. අපත් අප අවට තිබෙන සියලු දේ රූපයන්ගෙන් සෑදී ඇත.

අශ්‍රැතවත් පෘථග්ජනයා රූපය **තණ්හා, මාන, දෘෂ්ටි** වශයෙන් දකියි. 'රූපය මාගේය, රූපය මම වෙමි, රූපය මට අවශ්‍ය ආකාරයට පැවැත්විය හැකිය' යි කියා මුළාවට පත්වෙයි.

2. වේදනාවෙහි මුළා වෙයි...

අශ්‍රැතවත් පෘථග්ජනයා විඳීම තණ්හා, මාන, දිට්ඨි වශයෙන් ගනියි. ඇසෙන්, කනෙන්, නාසයෙන්, දිවෙන්, කයෙන්, සිතෙන් විඳිනා දේ ගැන ඔහු මුළාවට පත්වේ. 'වේදනාව මාගේ ය, වේදනාව මම වෙමි, වේදනාව මට අවශ්‍ය ආකාරයට මෙහෙයවිය හැකියි' සිතමින් ඔහු මුළා වෙයි.

3. සංඥාවෙහි මුළා වෙයි...

අශ්‍රැතවත් පෘථග්ජනයා විසින් හඳුනාගැනීම තණ්හා, මාන, දිට්ඨි වශයෙන් දකියි. ඇසෙන්, කනෙන්, නාසයෙන්, දිවෙන්, කයෙන්, මනසින් හඳුනාගන්නා දේ කෙරෙහි මුළා වෙයි. ඔහු විසින් 'සංඥාව මාගේය, සංඥාව මම වෙමි, සංඥා මට අවශ්‍ය අයුරින් මෙහෙයවිය හැකිය'යි සිතා මුළාවට පත් වේ.

4. සංඛාරයන්හි මුළා වෙයි...

අශ්‍රැතවත් පෘථග්ජනයා විසින් චේතනාව තණ්හා, මාන, දිට්ඨි වශයෙන් දකියි. ඇසෙන් දකින රූප ගැන

ඇති වන චේතනාවන්ට, කනෙන් අසන ශබ්ද නිසා ඇති වෙන චේතනාවන්ට, නාසයෙන් දැනෙන ගඳ සුවඳ නිසා ඇති වෙන චේතනාවන්ට, දිවට දැනෙන රස නිසා ඇති වන චේතනාවන්ට, කයට දැනෙන පහස නිසා ඇති වෙන චේතනාවන්ට, සිතට සිතෙන අරමුණු නිසා ඇතිවෙන චේතනාවන්ට ඔහු මුළා වෙයි. 'චේතනාව මාගේය, චේතනාව මම වෙමි, චේතනාව මගේ ආත්මයයි' කියා වැරදි ආකාරයට අවබෝධකර ගනී.

5. විඤ්ඤාණයෙහි මුළා වෙයි...

විඤ්ඤාණය යනු යමක් දැනගැනීමේ මානසික ස්වභාවයයි. අශ්‍රැතවත් පෘථග්ජනයා විසින් විඤ්ඤාණය තණ්හා, මාන, දිට්ඨි වශයෙන් දකියි. ඇසත් රූපයත් නිසා ඇසෙහි හටගන්නා විඤ්ඤාණයට, කනත් ශබ්දයත් නිසා කනෙහි හටගන්නා විඤ්ඤාණයට, නාසයත් ගඳ සුවඳත් නිසා නාසයෙහි හටගන්නා විඤ්ඤාණයට, දිවත් රසයත් නිසා දිවෙහි හටගන්නා විඤ්ඤාණයට, කයත් පහසත් නිසා කයෙහි හටගන්නා විඤ්ඤාණයට, මනසත් අරමුණුත් නිසා මනසෙහි හටගන්නා විඤ්ඤාණයට ඔහු මුළා වෙයි. 'විඤ්ඤාණය මාගේ ය, විඤ්ඤාණය මම වෙමි. විඤ්ඤාණය මට අවශ්‍ය අයුරින් මෙහෙයවිය හැකියි' සිතා මුලාවට පත්වෙයි.

මරණින් මතු වෙනත් ලොවක ඉපිද එහි සදාකාලිකව ඉන්නා බවක් සිතයි. 'මේ ආකාරයේ දෘෂ්ටිය ද මාගේය, මම වෙමි, මගේ ආත්මය' යයි දකිමින් මුළාවට පත්වෙයි.

ශ්‍රැතවත් ආර්ය ශ්‍රාවකයා...

"පින්වත් මහණෙනි, ආර්යයන් දක්නා සුළු වූ, ආර්ය ධර්මයෙහි දක්ෂ වූ, ආර්ය ධර්මයෙහි හික්මෙන ලද, සත්පුරුෂයින් දක්නා සුළු වූ, සත්පුරුෂ ධර්මයෙහි දක්ෂ වූ, සත්පුරුෂ ධර්මයෙහි හික්මුණා වූ, ශ්‍රැතවත් ආර්ය ශ්‍රාවක තෙමේ, මුළාවෙන් මිදීම පිණිස කටයුතු කරයි."

ශ්‍රැතවත් යනු ධර්මය අසා ඇති තැනැත්තායි. ආර්ය ශ්‍රාවකයා නම් ජීවිතාවබෝධය පිණිස චතුරාර්ය සත්‍යය ධර්මයන් අවබෝධ කිරීම වෙනුවෙන් කැපවූ තැනැත්තායි. ශ්‍රැතවත් ආර්ය ශ්‍රාවකයාගේ ලක්ෂණ මෙසේයි.

1. **අරියානං දස්සාවි**

බුදුරජාණන් වහන්සේලා, පසේ බුදුරජාණන් වහන්සේලා, මහරහතන් වහන්සේලා ලෝකය දෙස බලන පිළිවෙල ගැන ඔහු දන්නේය.

2. **අරියධම්මස්ස කෝවිදෝ**

නිවන කරා යන ධර්මය තේරුම් ගැනීමට දක්ෂයෙකි.

3. **අරියධම්මේ සුවිනීතෝ**

තේරුම් ගන්නා ලද ආර්ය ධර්මයට අනුව හික්මෙමින් ඒ අනුව ජීවිතය හැඩ ගස්සා ගන්නේය.

4. **සප්පුරිසානං දස්සාවි**

නිවන කරා යන ධර්මය කියා දෙන සත්පුරුෂයන් වහන්සේලා හමු වී ඇත්තෙකි.

5. **සප්පුරිසධම්මස්ස කෝවිදෝ**

සත්පුරුෂ ධර්මය තේරුම් ගැනීමට දක්ෂයෙකි.

6. **සප්පුරිසධම්මේ සුවිනීතෝ**

සත්පුරුෂයින්ගේ ධර්මයට අනුව හික්මෙයි.

මුළාවට පත් නොවන්නෙකි

ඉහත ලක්ෂණයන්ගෙන් යුතු ශ්‍රැතවත් ආර්ය ශ්‍රාවකයා විසින් නිවැරදි ලෙසින් දකිමින් මුළාවට පත්නොවන අයුරු බුදුරජාණන් වහන්සේ පෙන්වා දෙන සේක.

ඔහු සතර මහා ධාතුන්ගෙන් හටගත් රූපය මාගේ නොවේ, මම නොවේ, මට කැමති අයුරින් පැවැත්විය නොහැකි යයි දකියි.

ඔහු ආයතන හය තුළින් ඇතිවන විඳීම් මගේ යයි නොගනී. විඳීම මම කියා නොගනී. විඳීම මගේ ආත්මය යයි කියා නොගනී.

ඔහු ආයතන හය තුළින්ම ඇතිවන්නා වූ හඳුනා ගැනීම් මාගේය, මමය, මගේ ආත්මය යයි කියා නොගන්නේ ය.

හඳුනාගන්නා ලද රූපයන්ට, ශබ්දයන්ට, ගඳ සුවඳට, රසයට, පහසට, අරමුණු වලට අනුව ඇති වන චේතනාව මගේය, මම වෙමි, මගේ ආත්මය යයි කියා මුළා නොවන්නේය.

ඇසත් රූපයත්, කනත් ශබ්දයත්, නාසයත් ගඳ සුවඳත්, දිවත් රසයත්, කයත් පහසත්, මනසත් අරමුණුත් නිසා ඇතිවන්නා වූ විඤ්ඤාණය මාගේය, මම වෙමි, මට අවශ්‍ය ආකාරයට මෙහෙයවිය හැකි යයි නොගන්නේය.

මරණයට පත් වූ පසු වෙනත් ලොවක ඉපිද එහි සදාකාලික වනු ඇතැයි නොසිතන්නේය. එයද මමය, මාගේය, මාගේ ආත්මය යයි කියා නොගන්නේය.

මේ ආකාරයට නිවැරදි දැක්මකට ඔහු පැමිණෙන්නේ හේතුඵල දහමක ක්‍රියාකාරීත්වය දන්නා හෙයිනි. මේ

සියල්ලම හේතුවක් නිසා හටගෙන තිබෙන ඵලයක් මිසක එය මට අවශ්‍ය ආකාරයට පැවැත්විය නොහැක්කක් බව ඔහු දන්නේය. එය මමය කියා හෝ මාගේය කියා ගත නොහැකි බව ඔහු දන්නේය. හේතුව නැති කළහොත් ඵලයද නැති වී යන බව ඔහු දන්නේය. ඒ හේතුව නැති කළ හැක්කක් බව ඔහු දන්නේ ය. ඒ සඳහා බුදුරජාණන් වහන්සේගේ ධර්මය තුළ වැඩපිළිවෙලක් තිබෙනා බව ඔහු දන්නේය. හේතුඵල දහම ගැන දන්නා ශ්‍රැතවත් ආර්ය ශ්‍රාවකයා කිසිවිටෙකත් තැති ගැන්මකට පත් නොවන්නේය.

බාහිර දේ නැත්නම්, ඇතැමෙක් තැති ගනිති...

බුදුරජාණන් වහන්සේ විසින් මේ අයුරින් පහදා දෙමින් සිටිද්දී එක් භික්ෂූන් වහන්සේ නමක් පැනයක් විමසුවා. "භාග්‍යවතුන් වහන්ස, බාහිර දෙයක් නැතිවීම නිසා කෙනෙකුට තැති ගැන්මක් ඇතිවෙනවාද?"

"ඔව් එසේ වෙනවා. මේ ලෝකයේ යමෙකුට ධනය ලැබුණා. ඔහුට ලැබිය යුතු ධනය දැන් ලැබෙන්නේ නැහැ. එවිට, මට ඉස්සර ධනය ලැබුණා, දැන් මට හිමි ඒ ධනය නොලැබී ගියා කියමින් ඔහු ශෝකයට පත්වෙනවා. මේ අයුරින් බාහිර දේ නැතිවීම නිසා ඇතැමුන් තැති ගන්නවා."

මගේ බිරිඳ, මගේ සැමියා, මගේ දරුවෝ මගේද...?

මෙලෙස බාහිර දෙයක් නැතිවීම නිසා කෙනෙකුට ශෝකයක් තැති ගැන්මක් ඇති වන්නේ ඒවා මගේ යයි සිතාගෙන මුළාවී සිටීම නිසයි. තමන්ගෙන් පිට බාහිර දේවල් බොහොමයක් අප මගේ කියා සිතාගෙන සිටිනවා.

මගේ දරුවන්, මගේ භාර්යාව, මගේ සැමියා, මගේ ගෙවල් දොරවල්, මගේ ඉඩකඩම්, මගේ මිල මුදල්, මගේ රන් රිදී වස්තුව ආදී වශයෙන් තමාගෙන් පිට බාහිර දේ කෙතරම් නම් මගේ කියා පිළි අරගෙන ඉන්නවාද? ඒ අයුරින් සිතාගෙන සිටිද්දී ඒවා නැති වී ගිය විට "අනේ මට ඉස්සර හිටියා, දැන් නැහැ... අනේ මට ඉස්සර තිබුණා දැන් නැහැ..." කියලා ශෝකයට පත් වීමට සිදු වෙනවා. ඒ ආකාරයට බාහිර දේ වෙනුවෙන් ඇතැමෙකු ශෝකයට තැති ගැනීමට පත්වෙන බව බුදුරජාණන් වහන්සේ විසින් පෙන්වා දෙනු ලැබුවා.

බාහිර දේ වෙනුවෙන් ඇතැමෙක් තැති නොගනිති...

"භාග්‍යවතුන් වහන්ස, බාහිර දේවල් නැති වෙද්දී තැති ගැනීමක් ඇති නොවන්නේද?"

"තැති ගැනීමක් ඇති වන්නේ නැහැ. මේ ලෝකයේ ඇතැමුන් බාහිරින් ලැබෙන දේවල් මගේ කියලා පිළි ගන්නේ නැහැ. ඒ අයට ඉස්සර ධනය ලැබුණා, දැන් මට නොලැබී යනවාය කියල අදහසක් ඇති වෙන්නේ නැහැ. එහෙම වුණාය කියලා ඒ අය ශෝක කරන්නේ නැහැ. තැති ගැනීමකට පත්වෙන්නෙත් නැහැ."

බිරිඳ, සැමියා, දරුවෝ, දේපල, මිල මුදල් මගේ නොවේ...

බිරිඳ, සැමියා, දරුවන්, ඤාති මිත්‍රාදීන්, දේපල, මිල මුදල් ආදී තමා නොවන තමාගෙන් පිට බාහිර දේ මගේය කියා හැඟීමක් නැති කෙනා මුළාවට පත්වන්නේ නැහැ. මගේ යන අදහස සිතින් අත්හරිමින් ඔහු සියලු දෙනාටම

සානුකම්පිතව වාසය කරනවා. මේ නිවැරදි තේරුම් ගැනීම ඇති තැනැත්තා ශෝකයට, තැති ගැනීමට පත්වන්නේ නැහැ. ඒ සෑම දෙයක් කෙරෙහිම උපේක්ෂාවෙන් බැලීමේ හැකියාව ධර්මය තුළින් ඔහුට ලබා දී තිබෙනවා.

තමා වෙනුවෙන් ඇතැමෙක් තැති ගනිති...

"භාග්‍යවතුන් වහන්ස, තමා පිළිබඳ දේ නැතිවුණාම තැතිගැනීමක් ඇතිවෙනවාද?"

"පින්වත් මහණෙනි, එහෙම වෙනවා. ලෝකයක්, ආත්මයක් තිබෙන නිසා පරලොව ගිහින් මට නිත්‍ය ලෙස ඉන්නට පුළුවන් වෙනවා ය යන මතය ඇති තැනැත්තා, සියලු දෘෂ්ටීන්, සියලු සංස්කාරයන්, කෙලෙස් සහිත කර්මයන්, සියලු තෘෂ්ණාවන් දුරුකරමින් නොඇල්ම, නිරෝධය ඇති කරගනිමින් නිවන අවබෝධ කරන අයුරු පහදමින් දහම් දෙසන තථාගතයන් වහන්සේගේ හෝ තථාගත ශ්‍රාවකයකුගේ දේශනාවන් අසද්දී තැති ගන්නවා. නිවන් අවබෝධ කිරීමෙන් 'මම' කියා කෙනෙක් නැති වී යන බවත්, නැවත ඉපදීමක් නැති වී යන බවත්, ආත්මයක් නැති වී යන බවත් 'මම' විනාශ වෙන බවත් සිතමින් තැති අරගෙන ශෝකයට පත්වෙනවා...,

මම නැතිවෙනවා නම් බුද්ධාගම එපා...

මේ ප්‍රශ්නය ධර්මය නොදන්නා බොහෝ දෙනෙකුට තිබෙන්නක්. 'මම' කියා කෙනෙකු සිටිනවා ය යන ආකල්පය දැඩි ලෙස තිබීම මීට හේතුවයි. බුදුරජාණන් වහන්සේගේ ධර්මය අසද්දී සියලු දෘෂ්ටීන්, සියලු කෙලෙස් නසා තෘෂ්ණාව නැතිව යද්දී, විපාක පිණිස යළි සකස් වීමක් ඇති නොවන බවත්, එනිසා නැවත ඉපදීමක් සිදු නොවන බවත් දැනගන්නට ලැබෙනවා. එවිට, "අනේ

මම නැතිව යනවා. ආයිම ඉපදෙන්නේ නැත්නම් මට මොකද වෙන්නේ... මම නැතිවෙනවා නම් මේ ධර්මය මට එපා..." යයි ඔහු තැති ගැනීමට, ශෝකයට පත්වෙයි. මේ අයුරින් මුළාවට පත්ව තමා වෙනුවෙන් තැති ගැනීමටත්, ශෝකයටත් පත්වෙන්නන් ගැන බුදුරජාණන් වහන්සේ විසින් පෙන්වා දුන් සේක.

ඇත්ත දන්නා කෙනා තමා වෙනුවෙන් තැති නොගනී...

"භාග්‍යවතුන් වහන්ස, තමා යයි අල්ලා ගත් කිසිවක් තමා තුළ නැත්නම්, තැති ගැනීමක් ඇති නොවන පිරිස් ඉන්නවාද...?"

"මහණෙනි, එහෙම අය ඉන්නවා. ලෝකයක් තියෙනවා... ඒ ලෝකය තුළ ස්ථිර වූ ආත්මයක් තියෙනවා.. මිය පරලොව ගියත්, ආත්මයක් තියෙන නිසා ඒ ආත්මය තුළ සදාකාලික වෙන්නට පුළුවන් වෙනවා යන මතයක් නැති අය ඉන්නවා. එහෙම දෘෂ්ටියක් නැති කෙනෙකු දෘෂ්ටීන් ඇතිවෙන හැටි, දෘෂ්ටීන් ඇතිවෙන තැන්, දෘෂ්ටීන් තුළ බැසගැනීම්, දෘෂ්ටීන් තුළම සිතින් ජීවත් වීම යනාදී කරුණු සුන් කර දමන හැටි කියවෙන බුදුරජාණන් වහන්සේගේ ධර්මයක් ශ්‍රවණය කරනවා. එතුළින්, සකස් වී ඇති සියලු දේ, කෙලෙස් සහිත සියලු කර්ම, සියලු තණ්හාව දුරුකිරීම පිණිසත්, නොඇල්ම පිණිසත්, දුක නැතිවීම පිණිසත් ක්‍රියා කරන ආකාරය දැනගන්නවා. නිවන කරා යන හැටි බුදුරජාණන් වහන්සේ නමක ගෙන් හෝ තථාගත ශ්‍රාවකයන් වහන්සේ නමකගෙන් අසන්නට ලැබුණොත් ඉපදීම නැතිවෙනවා ය. නැවත ඉපදීම නොවෙනවාය, එසේ වීමෙන් 'මම' කියා කෙනෙක්

නැති වෙනවා ය, කියන හැඟීමෙන් එයා ශෝක කරන්නේ නැහැ. බියට පත්වෙන්නේ, ක්ලාන්ත වෙන්නේ නැහැ. එයා මුළාවට පත්වෙන්නේ නැහැ. මෙසේ ආධ්‍යාත්මික ස්කන්ධය නැත්නම් තැති ගන්නේ නැහැ...

තව දුරටත් තැති ගනිමුද...?

බුදුරජාණන් වහන්සේගේ ධර්මයක් කියවා තේරුම් ගැනීමේ හැකියාව අපට ලද්දෙමු. ඒ ධර්මය ඇසීමෙන්, කියවීමෙන් තේරුම් ගැනීමේ භාග්‍යය ඔබටද ලැබී ඇත.

මරණින් මතු නිත්‍ය වූ ආත්මයක් ඇත. එනිසා 'මම' නැති නොවනු ඇත. මරණින් මතු පරලොව ගොස් ඒ ආත්මය තුළ සදාකාලික විය හැක යන වැරදි දෘෂ්ටියක් තථාගත ධර්මය මුණ ගැසුණු තැනැත්තා තුළ නැත.

හේතුඵල දහමක් ඇත..

ඇත නැත කියා අන්ත දෙකක් නැති බවත්, හේතුවක් නිසා හටගන්නා ලද ඵලයක් ඇති බවත්, ඒ හේතුව නැති කිරීමෙන් ඵලයද නැති වී යන බවත්, එය කළ හැකි කාර්යයක් බවත් තථාගත ධර්මය මුණ ගැසුණු තැනැත්තා දනී.

දුක හටගැනීමට හේතුව ඉපදීම බවත්, ඉපදීමට හේතුව විපාක පිණිස කර්ම සකස්වීම බවත්, විපාක පිණිස කර්ම සකස්වීමට හේතුව දැඩිව බැඳී යාම බවත්, දැඩිව බැඳී යාමට හේතුව ඇලීම බවත්, ඇලීමට හේතුව විඳීම බවත්, විඳීමට හේතුව ස්පර්ශය (තුනක එකතුව) බවත්, ස්පර්ශයට හේතුව ආයතන හය බවත්, ආයතන හය ඇතිවීමට හේතුව නාමරූප බවත්, නාමරූපවලට හේතුව විඤ්ඤාණය බවත්, විඤ්ඤාණයට හේතුව සංස්කාර බවත්, සංස්කාරවලට හේතුව අවිද්‍යාව බවත් තථාගත ශ්‍රාවකයා දනී.

අවිද්‍යාව නැතිවීමෙන් සංස්කාර නැතිවන බවත්, සංස්කාර නැතිවීමෙන් විඤ්ඤාණය නැතිවන බවත්, විඤ්ඤාණය නැතිවීමෙන් නාමරූප නැතිවන බවත්, නාමරූප නැතිවීමෙන් ආයතන හය නැතිවන බවත්, ආයතන හය නැතිවීමෙන් ස්පර්ශය (තුනක එකතුව) නැතිවන බවත්, ස්පර්ශය නැතිවීමෙන් විඳීම නැතිවන බවත්, විඳීම නැතිවීමෙන් ඇලීම නැතිවන බවත්, ඇලීම නැතිවීමෙන් බැඳීම නැතිවන බවත්, විපාක පිණිස කර්ම සකස් නොවීමෙන් යළි ඉපදීම නැතිවන බවත්, ඉපදීම නැතිවීමෙන් සියලු දුක් අවසන් වන බවත් තථාගත ශ්‍රාවකයා දනී.

'මම' නැත... අවබෝධය ඇත...

ඒ අයුරින් පවතින්නේ හේතුවක් නිසා හටගත් ඵලයක් මිසක 'මම', 'මගේ', 'මගේ ආත්මය' නොවන බවත්, 'මම', 'මගේ', 'මගේ ආත්මය' කියන දෘෂ්ටියට ඵලය නැති කළ නොහැකි බවත්, ඵලය නැති කිරීමට නම් හේතුවම නැති කළ යුතු බවත්, 'මම' ය යන අදහස මුළාවක් බවත් දන්නා තථාගත ශ්‍රාවකයා 'මම' නැති වන්නේය යන අදහසට මුව අගින් සිනහ පහළ කරනවා මිසක තැති ගන්නේ හෝ ශෝක වන්නේ හෝ නැත. තථාගත ධර්මය අසන්නට කියවන්නට භාග්‍යය ලත් ඔබට ද නුවණින් විමසීමේ හැකියාව තිබේ නම් මෙම අවස්ථාව ඇත.

බාහිරින් ලැබෙන වෙනස් නොවෙන දෙයක් නැහැ...

අධ්‍යාත්මික ස්කන්ධය නැති කල්හි තැති නොගන්නා බව වදාළ බුදුරජාණන් වහන්සේ, මෙවැනි පැනයක් ස්වාමීන් වහන්සේලා වෙත ඉදිරිපත් කළ සේක.

"පින්වත් මහණෙනි, යම් බාහිර දෙයක් ඇත්නම්, එය මම ය, මාගේ ය, මාගේ ආත්මය යයි කියා අල්ලා ගැනීමෙන් පසු, එලෙස ග්‍රහණය කර ගත් දෙය නොවෙනස්ව, නිත්‍ය ලෙසින්, ස්ථිර ලෙසින්, ඒ අයුරින්ම තිබෙන බවක් ඔබලා දැක ඇත්තේ ද?"

"නැහැ භාග්‍යවතුන් වහන්ස, බාහිර වෙනස් නොවෙන නිත්‍ය වූ දෙයක් අප දැක නැහැ."

"පින්වත් මහණෙනි, බොහෝම හොඳයි, ඒ වගේ දෙයක් මම දැකලත් නැහැ."

බාහිර සියලු දේ වෙනස් වෙනවා...

වෙනස් නොවෙන දෙයක් අප ඇසින් දැක නැත. වෙනස් නොවී තිබෙන ශබ්දයක් අප කනෙන් අසා නැත. වෙනස් නොවන රසයක් දිවට ලැබී නැත. වෙනස් නොවන්නා වූ පහසක් අපගේ කයට ලැබුණේද නැත.

මේ යථාර්ථය තුළ බාහිර රූපයට, ශබ්දයට, ගඳ සුවඳට, රසයට, පහසට තව දුරටත් ඇලෙමුද? නිත්‍ය නොවන මේවා කෙරෙහි ඇලීම මුළාවකි. ඒ බව දත් තථාගත ශ්‍රාවකයා කිසි දිනෙක මේවා මම ය, මාගේ ය, මාගේ ආත්මය යයි පිළි නොගන්නේය.

තමා කියලා හිතන වෙනස් නොවන දෙයක් නැහැ...

"පින්වත් මහණෙනි, තමා කියලා කිසියම් දෙයක් තමන් විසින් අල්ලාගෙන ඉන්නවාද, ඒ පිළිගැනීම තුළ දුකක්, ශෝකයක්, වැළපීමක්, දොම්නසක්, පීඩාවක් ඇති නො වෙන තැනක් දැකලා තියෙනවාද...?"

"භාග්‍යවතුන් වහන්ස, එහෙම අවස්ථාවක් නැහැ. මම යි කියලා අල්ලා ගත්තොත් එතැන උපදින්නේම දුකක්."

"පින්වත් මහණෙනි, බොහොම හොඳයි. මම ය, මාගේ ය, මට අයිතිය කියලා යමෙක් ග්‍රහණය කර ගෙන ඉන්නවා නම් එතැන දුක් දොම්නස් ඇති නොවෙන බවක් මම දකින්නෙත් නැහැ."

තමා යයි සලකන සියලු දේ ගෙනෙන්නේ දුකක්...

ඇස, කන, නාසය, දිව, කය, මනස මමය, මාගේ ය, මාගේ වසඟයේ පැවැත්විය හැකි යයි සිතාගෙන සිටින තුරාවට ඇති වන්නේ දුකක්මයි. එසේ වන්නේ මේ සියල්ලම වෙනස් වී යන අනිත්‍ය වූ දේ නිසාය.

ඇස, කන, නාසය, දිව, ශරීරය, මනස තුළින් රූප, ශබ්ද, ගඳ සුවඳ, රස, පහස, අරමුණු විඳීම, හඳුනා ගැනීම, චේතනාව මම ය මාගේ යයි සිතාගෙන සිටිනා තෙක්ම හට ගන්නේ දුකක්මයි. විඳීම, හඳුනාගැනීම, චේතනා ඇති වීම තමාගේ වසඟයේ පැවැත්විය නොහැකි අතර, ස්පර්ශය වෙනස් වීමෙන් ඒවාද වෙනස් වී යයි. එසේ වන්නේ විඳීම හඳුනා ගැනීම, චේතනාව හටගන්නේ ස්පර්ශය හේතුවෙන් නිසයි.

යමක් දැනගැනීමේ ස්වභාවය හෙවත් විඤ්ඤාණය, මමය, මාගේය, මට අවශ්‍ය අයුරින් පැවැත්විය හැකි යයි සිතා ගෙන සිටින තුරාවට හටගන්නේ දුකක්මයි. නාමරූප නිසා හටගත් විඤ්ඤාණය ආත්මයක් ලෙස සැලකීම මුළාවකි.

මේ ආකාරයට රූපයන්, විඳීම, හඳුනාගැනීම, චේතනා ඇතිවීම, විඤ්ඤාණය හටගැනීම මම ය, මාගේ ය, මාගේ

ආත්මය යයි සිතාගෙන මුළා වී සිටිනා තෙක්ම අපට හමුවන්නේ සෝක, වැළපීම්, දුක් දොම්නස්, තැවුල්, පීඩා හා දැඩි වෙහෙස පමණකි.

මේ යථාර්ථය දන්නා තථාගත ශ්‍රාවකයා විසින් කිසි දිනක පංච උපාදානස්කන්ධයන් තමා වශයෙන් පිළි නොගනී. හේතූන් නිසා ඇති වී තිබෙන මේ සියලු දේ හේතූන් නැති වීමෙන් නැති වී යන බව ඔහු දන්නේය.

මුල් බැස ගත් ආකල්ප හානිකරයි...

"පින්වත් මහණෙනි, යම්කිසි ආකල්පයක් අපි අල්ලා ගත්තොත්, ඒ ග්‍රහණය කරගත් ආකල්පය නිසා දුකක් නොඉපදී තියෙන අවස්ථාවක් ඇතිවෙනවද...?"

"නැහැ, භාග්‍යවතුන් වහන්ස, යම් ආකල්පයක් අප සිතෙන් අල්ලා ගත්තොත් ඒ අල්ලා ගත් ආකල්පය නිසා ඇතිවෙන්නේම දුකක්."

"බොහොම හරි මහණෙනි, අල්ලා ගත් කිසියම් හෝ ආකල්පයක් නිසා දුක්, පීඩා, සෝක, වැළපීම්, සෝ සුසුම් ඇති නොවෙන තැනක් මමත් දැකලා නෑ."

මින් අපට පැහැදිලි වන්නේ කිසියම් හෝ දෘෂ්ටියක් තුළ සිරවීමෙන්, නිදහස් වීමක් සිදු නොවන බවයි. දෘෂ්ටි තුළ සිටිනා තෙක්ම පැමිණෙන්නේ දුකක්. දුක නැසීමට ධර්මාවබෝධයට සියලු දෘෂ්ටීන්ගෙන් මිදිය යුතුයි.

මම, මගේ, මගේ වසඟයේ කියලා හිතන මෝඩයෝ...

"පින්වත් මහණෙනි, මම කියන ආකල්පය තියෙනවා නම් මට අයිතිය යන අදහස ඇති වෙනවාද?"

"එහෙමයි භාග්‍යවතුන් වහන්ස."

"මට අයිතිය යන ආකල්පය තියෙනවා නම්, මට අවශ්‍ය ආකාරයට පවත්වන්නට හැකිය යන අදහස ඇති වෙනවද...?"

"එහෙමයි භාග්‍යවතුන් වහන්ස."

"පින්වත් මහණෙනි, සත්‍ය වශයෙන්ම මම කියා හෝ මාගේ කියා හෝ මාගේ ආත්මය යයි කියා ආකල්පයක් ඇති කර ගත හැකිද?"

"නොහැකියි භාග්‍යවතුන් වහන්ස, සත්‍ය වශයෙන්ම මම ය, මාගේ ය, මට අයිතිය ඕන විදිහට පැවැත්විය හැකියයි කිසිවක් නැහැ. එය හුදු සිතෙන් මවා ගත් ඇත්තක් නොවන සිතුවිල්ලක්ම පමණයි."

"ඒ ආකාරයට මුළා වී ඉන්න කෙනෙක්, මගේ ආත්මය තියෙනවා, මරණින් මත්තේ ඒ ආත්මය තුළ සදාකාලික වෙනවාය කියලා හිතුවොත් එය අඥාන ළපටි සිතුවිල්ලක් නොවෙයිද...?"

"භාග්‍යවතුන් වහන්ස, එය අඳබාල අදහසක්."

මෙයින් අපට බුදුරජාණන් වහන්සේ පෙන්වා දී තිබෙන්නේ මම, මගේ වසඟයේ පැවැත්විය හැකි කිසිවක් මේ ලෝකය තුළ නැති බවයි. එසේ නම් මේ ලෝකයට ඇලිය යුතු නැහැ නේද? කළ යුතු වන්නේ මේ සත්‍යය තේරුම් ගෙන මට අවශ්‍ය ආකාරයට කිසිවක් කළ නොහැකි මේ ලෝකය අවබෝධ කරමින් ඉන් මිදීමයි.

අනිත්‍ය රූපය මට ඕනේ විදිහට නැති නිසා මට එපා...

"පින්වත් මහණෙනි, මේ රූපය නිත්‍යද, අනිත්‍යද?"

"භාග්‍යවතුන් වහන්ස, එය අනිත්‍යයයි."

"යමක් අනිත්‍ය නම්, එය දුකක්ද, සැපක්ද?"

"භාග්‍යවතුන් වහන්ස, එය දුකක්."

"යමක් අනිත්‍ය නම්, දුක නම්, වෙනස් වෙනවා නම් ඒක මම, මගේ, මගේ ආත්මය කියල දකින්න සුදුසුද?"

"නැහැ භාග්‍යවතුන් වහන්ස, කිසිසේත්ම සුදුසු නැහැ."

අනිත්‍ය වූ විඳීම මට ඕනෙ විදිහට නැති නිසා මට එපා...

"පින්වත් මහණෙනි, වේදනාව නිත්‍යද? අනිත්‍යද?"

"භාග්‍යවතුන් වහන්ස, එය අනිත්‍යයයි."

"යමක් අනිත්‍ය නම්, එය දුකක්ද, සැපක්ද?"

"භාග්‍යවතුන් වහන්ස, එය දුකක්."

"යමක් අනිත්‍ය නම්, දුක නම්, වෙනස් වෙනවා නම් ඒක මම, මගේ, මගේ ආත්මය කියලා දකින්න සුදුසුද?"

"නැහැ භාග්‍යවතුන් වහන්ස, කිසිසේත්ම සුදුසු නැහැ."

අනිත්‍ය වූ හඳුනාගැනීම මට ඕනෙ විදිහට නැති නිසා මට එපා...

"මහණෙනි, හඳුනාගැනීම නිත්‍යද? අනිත්‍යද?"

"භාග්‍යවතුන් වහන්ස, එය අනිත්‍යයයි."

"යමක් අනිත්‍ය නම්, එය දුකක්ද, සැපක්ද?"

"භාග්‍යවතුන් වහන්ස, එය දුකක්."

"යමක් අනිත්‍ය නම්, දුක නම්, වෙනස් වෙනවා නම් ඒක මම, මගේ, මගේ ආත්මය කියල දකින්න සුදුසුද?"

"නැහැ භාග්‍යවතුන් වහන්ස, කිසිසේත්ම සුදුසු නැහැ."

අනිත්‍ය වූ චේතනාව මට ඕනේ විදිහට පවත්වන්න බැරි නිසා මට එපා...

"පින්වත් මහණෙනි, චේතනාව නිත්‍යද? අනිත්‍යද?"

"භාග්‍යවතුන් වහන්ස, එය අනිත්‍යයි."

"යමක් අනිත්‍ය නම්, එය දුකක්ද, සැපක්ද?"

"භාග්‍යවතුන් වහන්ස, එය දුකක්."

"යමක් අනිත්‍ය නම්, දුක නම්, වෙනස් වෙනවා නම් ඒක මම, මගේ, මගේ ආත්මය කියල දකින්න සුදුසුද?"

"නැහැ භාග්‍යවතුන් වහන්ස, කිසිසේත්ම සුදුසු නැහැ."

මට ඕනෙ විදිහට නැති විඤ්ඤාණය මට එපා

"පින්වත් මහණෙනි, විඤ්ඤාණය නිත්‍යද? අනිත්‍යද?"

"භාග්‍යවතුන් වහන්ස, එය අනිත්‍යයයි."

"යමක් අනිත්‍ය නම්, එය දුකක්ද, සැපක්ද?"

"භාග්‍යවතුන් වහන්ස, එය දුකක්."

"යමක් අනිත්‍ය නම්, දුක නම්, වෙනස් වෙනවා නම් ඒක මම, මගේ, මගේ ආත්මය කියල දකින්න සුදුසුද?"

"නැහැ භාග්‍යවතුන් වහන්ස, කිසිසේත්ම සුදුසු නැහැ."

අප හදන ලෝක තුළ කිසිම දෙයක් මම, මගේ, මගේ ආත්මය නොවේ...

කාලයත් අවකාශයත් අතර පවතින කිසිම දෙයක් මම, මගේ, මගේ ආත්මය නොවන බව බුදුරජාණන් වහන්සේ පෙන්වා දුන් සේක. කාලයත්, අවකාශයත් අතර පැවතීම උන්වහන්සේ හඳුන්වා දුන්නේ ස්කන්ධ වශයෙනුයි.

රූප ස්කන්ධය 'මම' නොවේ...

අතීත, වර්තමාන, අනාගත කාල තුනේ පවතින තමා යයි සලකන, අනුන් යයි සලකන, ගොරෝසු ස්වභාවයේ, සියුම් ස්වභාවයේ පවතින, අයහපත් වූ ද, යහපත් වූ ද, දුර තිබෙන්නා වූ ද, ළඟ තිබෙන්නා වූ ද, කිසියම් රූපයක් ඇද්ද, ඒ සියලු රූප මම නොවේ, මගේ නොවේ, මගේ ආත්මය නොවෙයි.

වේදනා ස්කන්ධය 'මම' නොවේ...

අතීත, වර්තමාන, අනාගත කාල තුනේ පවතින තමා යයි සලකන, අනුන් යයි සලකන, ගොරෝසු ස්වභාවයේ, සියුම් ස්වභාවයේ පවතින, අයහපත් වූ ද, යහපත් වූ ද, දුර තිබෙන්නා වූ ද, ළඟ තිබෙන්නා වූ ද, කිසිම විඳීමක් මම නොවේ, මගේ නොවේ, මගේ ආත්මය නොවේ.

සංඥා ස්කන්ධය 'මම' නොවේ...

අතීත, වර්තමාන, අනාගත කාල තුනේ පවතින තමා යයි සලකන, අනුන් යයි සලකන, ගොරෝසු ස්වභාවයේ,

සියුම් ස්වභාවයේ පවතින, අයහපත් වූ ද, යහපත් වූ ද, දුර තිබෙන්නා වූ ද, ළඟ තිබෙන්නා වූ ද, යම් හඳුනා ගැනීමක් වේද, ඒ සියලු හඳුනාගැනීම් මම නොවේ, මගේ නොවේ, මගේ ආත්මය නොවේ.

සංඛාර ස්කන්ධය 'මම' නොවේ...

අතීත, වර්තමාන, අනාගත කාල තුනේ පවතින තමා යයි සලකන, අනුන් යයි සලකන, ගොරෝසු ස්වභාවයේ, සියුම් ස්වභාවයේ පවතින, අයහපත් වූ ද, යහපත් වූ ද, දුර තිබෙන්නා වූ ද, ළඟ තිබෙන්නා වූ ද, කිසිම චේතනාවක් මම නොවේ, මගේ නොවේ, මගේ ආත්මය නොවේ.

විඤ්ඤාණස්කන්ධය 'මම' නොවේ...

අතීත, අනාගත, වර්තමාන කවර කාලයක හෝ හටගන්නා වූ, තමා යැයි සලකන, තමාගෙන් බැහැර යැයි සලකන, ගොරෝසු ලෙසින්, සියුම් ලෙසින්, අයහපත් අයුරින්, යහපත් අයුරින්, දුරින් හෝ ළඟින් ඇතිවන්නා වූ යම් විඤ්ඤාණයක් ඇද්ද, ඒ කිසිම විඤ්ඤාණයක් මම නොවේ, මගේ නොවේ, මගේ ආත්මය නොවේ.

රූපය අවබෝධ කොට කලකිරෙයි... නොඇලෙයි...

ඒ ආකාරයට දකින්නට හැකියාව ලබන ආර්ය ශ්‍රාවකයා සියලු දෙයම මම, මගේ, මගේ ආත්මය යන සංකල්පයෙන් තොරව බලයි. කුමන ලෙසකින් හෝ හටගන්නා වූ රූපස්කන්ධය තත්වාකාරයෙන්ම අවබෝධ කරයි. රූපයෙහි සත්‍ය ස්වභාවය දකින්නට සමත් වූ ඔහු

තවදුරටත් නොමුලා වී රූපයෙහි අවබෝධයෙන් යුතුවම කලකිරෙයි. කලකිරීම නිසා රූපයෙහි නොඇලෙයි.

විඳීම අවබෝධ කොට කලකිරෙයි... නොඇලෙයි...

කවර කාලයක, කවර ස්ථානයක, කවර ආකාරයකින් කුමන ලෙසකින් හෝ හටගන්නා වූ විඳීමක් මම, මාගේ, මාගේ ආත්මය කියා නොගනී. කිසිම විඳීමක් මම නොවන බව යථා ස්වභාවයෙන් තේරුම් ගන්නා ආර්ය ශ්‍රාවකයා විඳීම කෙරෙහි සම්පූර්ණයෙන්ම කලකිරෙයි. අවබෝධයෙන් යුතුව ලැබූ කලකිරීම නිසා විඳීමට නොඇලෙයි.

හැඳිනීම අවබෝධ කොට කලකිරෙයි... නොඇලෙයි...

කවර කාලයක, කවර ස්ථානයක, කවර ආකාරයකින් කුමන ලෙසකින් හෝ ඇතිවන්නා වූ හඳුනාගැනීමක් මම, මගේ, මගේ ආත්මය නොවන බව ආර්ය ශ්‍රාවකයා තේරුම් ගන්නේය. යථා ස්වභාවය තේරුම් ගත් විගසින් හඳුනා ගැනීම ගැන ඔහු කලකිරීමට පත්වේ. කලකිරුණු නිසා හඳුනාගැනීමට නොඇලේ.

චේතනාව අවබෝධ කොට කලකිරෙයි... නොඇලෙයි...

කවර කාලයක, කවර ආකාරයකින් කුමන ආකාරයකින්, කුමන ස්ථානයක, කුමන ස්වභාවයෙන් හෝ ඇතිවන්නා වූ චේතනාවක් මම නොවේ. මගේ නොවේ, මගේ ආත්මය නොවේ යයි අවබෝධයකට පැමිණෙන ආර්ය ශ්‍රාවකයා සංඛාර ස්කන්ධය අවබෝධ කරයි. ඒ

අවබෝධය නිසා චේතනාවෙහි කලකිරෙයි. චේතනාව කෙරෙහි කලකිරීම නිසා චේතනාවට කිසිලෙසකින් නොඇලෙයි.

විඤ්ඤාණය අවබෝධ කොට කලකිරෙයි... නොඇලෙයි...

කවර කාලයක, කවර ආකාරයකින්, කවර ස්වභාවයකින්, කුමන ස්ථානයක හෝ හට ගන්නා වූ විඤ්ඤාණයක් මම, මගේ, මගේ ආත්මය නොවන බවට ආර්ය ශ්‍රාවකයා විසින් අවබෝධයෙන්ම විඤ්ඤාණස්කන්ධය තේරුම් ගනී. විඤ්ඤාණය කෙරෙහි අවබෝධයෙන් යුතුව කලකිරෙයි. කලකිරීම නිසා තවදුරටත් විඤ්ඤාණයෙහි නොඇලෙයි.

උතුම් රහත් බව ලබයි...

රූපය, විඳීම, හඳුනාගැනීම, චේතනාව, විඤ්ඤාණය අවබෝධ කොට ඒවා කෙරෙහි කලකිරීමෙන් යුතුව, ඒවාට නොඇලෙන්නා වූ ශ්‍රැතවත් ආර්ය ශ්‍රාවකයා හට කෙලෙස් හටනොගනී. ඔහුට තමන් කෙලෙසුන්ගෙන් මිදුණු බවට දැනීම ඇතිවෙයි. මෙසේ ඒ උත්තමයා උතුම් වූ අරහත්භාවයට පත්වෙයි.

රහතන් වහන්සේ...

ඒ උතුමන් වහන්සේ අවිද්‍යාව ප්‍රහාණය කොට මුල් උදුරා දමන ලදී. තණ්හාව නැමැති පවුර කඩා බිඳ දමන ලදී. කාම ලෝකයට, අපායට සිතෙන් ඇදගෙන යන ස්වභාවය සම්පූර්ණයෙන්ම තුරන් වීම හෙවත් ඕරම්භාගීය සංයෝජන ප්‍රහාණය කරන ලදී. පහත හෙලූ කොඩියක් ලෙසින් මානය සම්පූර්ණයෙන්ම දුරු කළේ

වෙයි. ඒ උතුමන්ගේ විඤ්ඤාණය කවර අරමුණක් සමඟ පවතින්නේ දැයි කිසිම දෙවියෙකුට හෝ බඹෙකුට හෝ කවරෙකුට හෝ සොයාගත නොහැකි වන්නේය.

පිදුවත්, ගැරහුවත් නිසරු පංචස්කන්ධයටයි. ඒ වෙනුවට සතුටක්, කෝපයක් කුමටද...?

මේ ආකාරයට පැහැදිලි ලෙසින්, පිරිසිදු ලෙසින් දුක නිමාවට පත්වෙන හැටි පහදාදෙන බුදුරජාණන් වහන්සේට ඇතැම් මහණ බමුණන් විසින් දොස් නගන බව උන්වහන්සේ විසින්ම පෙන්වා දෙන සේක.

"සමහර බමුණන් විසින් පවතින්නා වූ සත්වයාගේ පැවැත්ම නවත්වන ධර්මයක් දේශනා කොට සත්වයා විනාශ කරනවාය කියා මට අභූත චෝදනා කරනවා."

"මහණෙනි, මා විසින් බෝමැඩදී අවබෝධය ලබා ගත් වේලේ පටන් මේ දක්වාම දුකත්, දුකෙන් නිදහස් වීම ගැනත් පෙන්වා දුන්නා. මා විසින් පෙන්වා දෙන්නේ පරිවර්ත තුනකින් යුතුව, ආකාර දොළසකින් යුතුව පරිපූර්ණ වශයෙන් මා විසින්ම අවබෝධ කරන ලද චතුරාර්ය සත්‍ය ධර්මයයි.

ඒ ධර්මය වෙනුවෙන් යම් කෙනෙක් මට දෝෂාරෝපණය කළත්, මගේ සිතට කිසිම වෛරයක් පැන නගින්නේ නැහැ. ඒ ධර්මය වෙනුවෙන් යමෙකු මට සත්කාර, ගරු බුහුමන් කළත් සිතට සතුටක් උපදින්නෙත් නැහැ.

ඒ ආකාරයටම මහණෙනි, ඔබට ද අන්‍යයින් ආක්‍රෝශ පරිභව කළොත් කෝප නොකළ යුතුය. දොම්නස් නොකළ යුතුය. සිතෙහි සතුටක් ඇති කර නොගත යුතුයි.

ඔබට අන්‍යයින් සත්කාර ගරු බුහුමන් කරන්නේ නම්, සිවුපසයෙන් පුදන්නේ නම්, සිතෙහි ඉපිලෙන ප්‍රීතියක් ඇති කර නොගත යුතුයි.

මහණෙනි, ඔබට නින්දා අපහාස කළත්, ඔබට ගරු බුහුමන් කරමින් පිදුවත් ඒ දෙකම කරන්නේ ඔබ විසින් පිරිසිඳ අවබෝධ කරන ලද පංචස්කන්ධයට මිස අන් දෙයකට නොවන බව සිතට ගන්න.."

ඔබේ නොවේ... හිත සුව පිණිස අතාරින්න...

බුදුරජාණන් වහන්සේ විසින් තවදුරටත් මේ සුන්දර වූ ධර්මය ඉතාම ලස්සනට ස්වාමීන් වහන්සේලාට මෙසේ පහදා දෙන සේක.

"මහණෙනි, යමක් ඔබේ නොවේ නම් එය අතාරින්න. එය බොහෝ කාලයක් හිත සුව පිණිස වන්නේය. මහණෙනි, ඔබේ නොවන්නේ මොනවාද?

- රූප, ශබ්ද, ගඳ-සුවඳ, රස, පහස යන සතර මහා ධාතූන්ගෙන් හැදුණු රූපයන් ඔබේ නොවේ. බොහෝ කාලයක්, බොහෝ සිත සුව පිණිස එහි ඇල්ම අත්හරින්න.
- ඒවා විඳීම ඔබේ නොවේ. හිත සුව පිණිස විඳීම අත්හරින්න.
- ඒවා හඳුනාගැනීම ඔබේ නොවේ. බොහෝ හිත සුව පිණිස එය අත්හරින්න.
- ඒවා කෙරෙහි ඇතිවෙන චේතනාව ඔබේ නොවේ. බොහෝ හිත සුව පිණිස එය අත්හරින්න.
- ඇසේ, කනේ, නාසයේ, දිවේ, කයේ, මනසේ

ඇතිවෙන විදර්ශනා ඥාණය ඔබේ නොවේ. බොහෝ කාලයක්, බොහෝ හිත සුව පිණිස එය අත්හරින්න.

බොහෝ හිත සුව පිණිස, බොහෝ සැප පිණිස අත්හැරිය යුතු අයුරු බුදුරජාණන් වහන්සේ විසින් පහදා දුන් අයුරු කෙතරම් චමත්කාරජනකද?

අත්හරිනවා නම් එහෙම අත්හරින්න...

මේ අත්හැරීම අප සාමාන්‍යයෙන් හිතන ආකාරයට කළ හැකි අත්හැරීමක් නොවෙයි. මේ සඳහා හොඳ ධර්ම ඥාණයක් අවශ්‍යයි. එය චතුරාර්ය සත්‍ය ධර්මය කියාදෙන ආර්ය ශ්‍රාවකයන් වහන්සේ නමකගෙන්ම ශ්‍රවණය කළ යුතුයි. ඒ ධර්මයම කතා කරන ලද පොත්පත් පරිශීලනය කළ යුතුයි. දෙවනුව එසේ ඉගෙන ගත් ධර්මය තමන්ගේ නුවණින් විමසා බැලිය හැකි බුද්ධිමත්භාවයක් අවශ්‍යයි. මේ බුද්ධිමත් බව ලැබෙන්නේ විභාග සමත් වීමෙන් නොවෙයි. අවශ්‍ය වන්නේ ඇසූ, කියවූ ධර්මය තේරුම් ගත හැකි බුද්ධියකුයි.

ඒ ආකාරයට ශ්‍රී සද්ධර්මය ශ්‍රවණයත්, යෝනිසෝ මනසිකාරයත් ඇති කරගත් තැනැත්තා උතුම් සීලයක් තුළ උතුම් සමාධියක් ඇති කරගත යුතුයි. අන්න ඒ සමාධිමත් සිත තුළින් මේ පංච උපාදානස්කන්ධය නුවණින් යුතුව අත්හැරිය යුතුයි. කෙතරම් සුන්දර වූ ගමන් මඟක් වෙයිද එය...? ඔබටද ඒ ගමන් මගට අවතීර්ණ වෙන්න බැහැ. උන්වහන්සේගේ ශ්‍රී සද්ධර්මය සන්දිට්ඨිකයි. ධර්මයේ ගුණ අමතක කොට තිසරණය බිඳ දමන්නට තරම් අනුවණයින් නොවිය යුතුයි.

අත්හරින්න බැරි නම් මේ උපමාව බලා

ලැජ්ජා වෙන්න...

තමන්ගේ නොවන දේ අත්හැර ගන්නට බැරුව මුළා වී සිටිනා අයට ප්‍රයෝජනවත් වන ලස්සන උපමාවක් බුදුරජාණන් වහන්සේ මෙහිදී ස්වාමීන් වහන්සේලාට පෙන්වා දෙන සේක. "මහණෙනි, මේ ජේතවනාරාමයේ ගස්වලින් වැටිච්ච දර තිබෙනවා. මිනිසුන් ඇවිත් මේ දර එකතු කරගෙන ගියොත්, එහෙම නැත්නම් ඒ දර කෝටු ඔක්කෝම එකතු කරලා ගිනි තිබ්බොත්, එහෙම නැත්නම් ඒ දරවලට ඒ අය කැමති දෙයක් කළොත් ඔබට මෙහෙම හිතෙනවාද? "අනේ, මේ මිනිස්සු අපව අරගෙන යනවා. අපිව ගින්දරෙන් දවනවා ය කියලා හැඟීමක් එනවාද?"

"එහෙම හැඟීමක් එන්නේ නැහැ, භාග්‍යවතුන් වහන්ස."

"ඇයි එහෙම හැඟීමක් එන්නේ නැත්තේ?"

"භාග්‍යවතුන් වහන්ස, ඒ දර කෝටු අපේ නෙවෙයි. අපට අයිති නැහැනේ. ඒවාට ඕන දෙයක් වුණාම අපට මොකද?"

"මහණෙනි, අන්න ඒ ආකාරයට ඔබට අයිති නැති දේවල් දුරු කරලා දාන්න. ඔබේ නොවන දේ දුරින්ම දුරු කරන්න. ඔබේ නොවන දේවල් මොනවාද?

මහණෙනි, රූපය ඔබේ නොවේ. එහි ඇල්ම දුරු කරන්න. විඳීම ඔබේ නොවේ. එය දුරු කරන්න. හඳුනා ගැනීම ඔබේ නොවේ. එය දුරු කරන්න. චේතනාව ඔබේ නොවේ. එය දුරු කරන්න. විඤ්ඤාණය ඔබේ නොවේ. එය දුරු කරන්න. එවිට ඔබට බොහෝ කාලයක්, බොහෝ හිත සුව පිණිස, බොහෝ සැප පිණිස පවතීවි..."

මගේ නෙවෙයි නම් මට එපා ම යි...

බුදුරජාණන් වහන්සේගේ ධර්මය තුළින් ඇස, කන, නාසය, දිව, ශරීරයත්, රූප, ශබ්ද, ගඳසුවඳ, රස, පහස යන දේත් සතර මහා ධාතූන්ගෙන් සැදී තිබෙන බව දනිමු. සැදී තිබෙන්නේ සතර මහා ධාතූන්ගෙන් නම් ඒවා අයිති පොළවටත් (පඨවි), වතුරටත් (ආපෝ), රස්නෙටත් (තේජෝ), හුළඟටත් (වායෝ) නේද? ඉතින් පොළොවට පස්වෙන, වතුරේ දියවෙන, උෂ්ණය සමඟ එකතුවෙන, හුළඟට එකතු වෙන දේවල් මගේ කියා සිතාගෙන සිටීම කෙතරම් අනුවණකමක්ද? ජේතවනාරමයේ තිබෙන දරකෝටු මම ය කියා සිතීම වාගේ මෝඩකමක් නොවේද? මේ සත්‍ය තේරුම් ගත් පසු තවදුරටත් අප මුළාවේම සිටිය යුතුද?

ඉතින් මාගේ නොවෙන සතර මහා ධාතූන්ගෙන් සැදි රූපයට, ශබ්දයට, ගඳසුවඳට, රසයට, පහසට ඇලෙන්නේ අපට අවශ්‍ය විදිහට නැතිවිටෙක ඒවා සමඟ ගැටෙන්නේ කුමකටද? මම නොවන, මගේ නොවන, මගේ ආත්මය නොවන රූපයන්ට මුළා නොවී දුරින්ම දුරු කළ යුතුයි.

මගේ නොවන සතර මහා ධාතූන් ගැන සිතින් විඳිමින් ආශ්වාදයක් ලබන්නේ 'මම' විඳින බවක් සිතා රැවටීම නිසා නේද? මට අවශ්‍ය අයුරින් වින්දනයක් ලබන්නට නොහැකි වූ විගස ගැටෙන්නේ විඳීම 'මම' යයි මුළා වූ නිසා නේද? මගෙන් තොර වූ විඳීමකට 'මම විඳිනවා' යයි තවදුරටත් මුළා නොවිය යුතුයි. ස්පර්ශය නිසා ඇති වූ විඳීම මම නොවේ, මගේ නොවේ, මගේ ආත්මය නොවේ.

මෙලෙස විඳින ලද දේවල් හඳුනාගන්නේ මට සතුට ගෙන දෙන, මට දුක ගෙන දෙන දේවල් ලෙසින් නේද? මුළා නොවන්න...! හඳුනාගන්නා සියලු දෙයින් ලැබෙන්නේ දුකයි. මගේ නොවන සතර මහා ධාතූන්ගෙ

න් සැදි රූපයත්, මගේ නොවන විඳීමක් තුළින්, මගේ යයි හඳුනාගන්නේ මොන මෝඩකමටද? හඳුනාගැනීම සිදුවුණේ ස්පර්ශයෙන් නිසා හඳුනාගැනීම මම නොවේ, මගේ නොවේ, මගේ ආත්මය නොවේ.

මගේ නොවන රූප, ශබ්ද, ගන්ධ, රස, ස්පර්ශයන් මගේ නොවන ඇසින්, කනෙන්, නාසයෙන්, දිවෙන්, කයෙන්, සිතෙන් මගේ කරගෙන, මගේ නොවන විඳීමක් ලබමින්, මගේ නොවන හඳුනාගැනීමකට කර්ම රැස්කරන්නට තරම් මෝඩයන් වෙමුද? නැත. චේතනාව මම නොවේ, මගේ නොවේ, මගේ ආත්මය නොවේ.

බුදුරජාණන් වහන්සේ විසින් මායාකරුවෙකු යයි හඳුන්වා දුන් විඤ්ඤාණයට තවදුරටත් රැවටෙමුද? විඤ්ඤාණය විසින් පෙන්වන මායාවන්ට නොරැවටෙන්න. විඤ්ඤාණය යනු වෙනස් වී යන නිත්‍ය නොවූවකි. එවැන්නක් මගේ යයි ගතහොත් මුළාවකි. විඤ්ඤාණය මම නොවේ, මගේ නොවේ, මගේ ආත්මය නොවේ.

එපා නිසා අත්හැරියොත් බොහෝ සැප...

මේ ආකාරයට මගේ නොවන දේ අත්හැරීමෙන් බොහෝ සැප ලැබෙන බවත් දිගු කාලයක් බොහෝ හිත සුව පිණිස පවතින බවත් බුදුරජාණන් වහන්සේ විසින් පෙන්වා දෙන ලදී.

බුදුරජාණන් වහන්සේගේ ධර්මය ඉගෙන ගැනීමෙන් අපට කෙතරම් අවබෝධයක් ලැබෙනවාදැයි තේරුම් යනවා නේද?

"මහණෙනි, මා විසින් මේ ධර්මය මැනැවින් දේශනා කරනු ලැබුවා. ඉතා හොඳින් පැහැදිලි කර දුන්නා. පිරිසිදුව

දේශනා කළා. ඔසවා තබා විවෘත කළා. කිලිටි වස්ත්‍ර හැඳ සිටි කෙනෙකුට අලුත් සළුපිලි ඇන්දෙව්වා වගේ ඔබේ සිත් ඔපවත් කළා.

මා විසින් මැනැවින් පැහැදිලි කළ ඒ ධර්මය අවබෝධයෙන් යමෙක් සසරෙන් මිදෙනවද, ඒ අයට දුකක් හටගන්නවා කියලා දෙයක් නැහැ. ඒ රහතන් වහන්සේ නමක්.

මෙසේ මා විසින් මැනැවින් පැහැදිලි කළ ඒ ධර්මය අවබෝධයෙන් යමෙකු ඕරම්භාගිය සංයෝජන පහ දුරු කරමින් අනාගාමී තත්වයට පත්වුණා නම් ඔහු මරණින් මතු සුද්ධාවාස බඹලොව පහළ වී එහිදී පිරිනිවන් පාන්නේය.

මා විසින් මනාලෙස පැහැදිලි කරන ලද මේ ධර්මය අවබෝධයෙන් යමෙකු සංයෝජන තුනක් දුරු කරමින්, රාග, ද්වේෂ, මෝහ තුනී කළේ නම් ඔහු සකදාගාමීව යළි එක්වරක් පමණක් ඉපදී මෙලොවට ඇවිත් දුක කෙළවර කරනවා.

මෙසේ මා විසින් පිරිසිදු ලෙස පැහැදිලි ලෙස ඉතා හොඳින් දේශනා කළ මේ ධර්මය අවබෝධයෙන් යමෙකු සංයෝජන තුනක් ප්‍රහාණය කරමින් සෝතාපන්න භාවයට පත්වුවහොත් ඔහු කිසි කලෙක අපායෙහි නොවැටී ආත්මභාව හතක් තුළ රහත් ඵලය නියත කර ගන්නවා.

මෙසේ මා විසින් මනාකොට විවර කරන ලද ධර්මය ඉගෙන ගැනීමෙන් යමෙකු තිසරණයට පැමිණ, දහමෙහි දැක්වෙන ආකාරයට සිතමින්, ක්‍රියාවෙහි යෙදීමේ, සද්ධානුසාරී සහ ධම්මානුසාරී භාවයට පත්වන්නේ නම් ඒ සියල්ලමද රහත් ඵල නුවණ ඉලක්ක කොට ගෙන සිටිනවා.

මා විසින් ධර්මය මනාකොට දේශනා කරන ලදී. ප්‍රකට කරන ලදී. විවෘත කරන ලදී. හෙළි කරන ලදී. මා විසින් මෙසේ මොනවට පැහැදිලි කරන ලද ධර්මය නිසා මා කෙරෙහි යමෙක් ශ්‍රද්ධාමාත්‍රයක් ඇති කරගත්තේ නම්, ඒ සියලු දෙනාම මරණින් මතු දෙව්ලොව ඉලක්ක කරගෙන සිටිනවා.

භාග්‍යවතුන් වහන්සේ විසින් අලගද්දූපම සූත්‍ර දේශනය එසේ නිම කරද්දී, සතුටු සිතින් ස්වාමීන් වහන්සේලා භාග්‍යවතුන් වහන්සේගේ වචනය පිළිගත්තා.

ඔබ සූදානම් නේද...?

අපට ලැබී තිබෙන්නේ කෙතරම් පිළිසරණක්ද යන වග දැන්වත් තේරුම් ගන්න. අඩු තරමින් බුදුරජාණන් වහන්සේ කෙරෙහි ප්‍රේම මාත්‍රයක් ඇති කරගනිමින් දෙව් සැප විඳින්න. බුදුරජාණන් වහන්සේ කෙරෙහි, ශ්‍රී සද්ධර්මය කෙරෙහි, ශ්‍රාවක සඟරුවන කෙරෙහි ශ්‍රද්ධාව ඇති කරගනිමින්, ධර්මානුකූලව සිතමින් සද්ධානුසාරී, ධම්මානුසාරී වී සසර දුකෙන් මිදීමට ආරම්භ කරන්න. ධර්මය තුළ ජීවත් වෙමින් සෝවාන්, සකදාගාමී, අනාගාමී, අරහත් ඵලයන්ට පත්වෙන්න. මේ ජීවිතයේදීම අවබෝධ කළ හැකි මේ ධර්මය තුළින් නුවණ මෙහෙයවීමෙන්, උත්සාහයෙන්, වීර්යයෙන් යුතුව ධර්මය අවබෝධ කරන්නට හිතට ගන්න. නුවණැති සියල්ලන්ටම ඒ හැකියාව ලැබේවා...!

සාදු! සාදු!! සාදු!!!

❀ ❀ ❀

මහාමේඝ ප්‍රකාශන

www.ingramcontent.com/pod-product-compliance
Lightning Source LLC
Chambersburg PA
CBHW060649030426
42337CB00017B/2523